HOW I MADE $2,000,000 IN THE STOCK MARKET

尼可拉斯‧達華斯 Nicolas Darvas——著　陳儀——譯

我如何在股市
賺到200萬美元

經典紀念版

經濟趨勢 63

我如何在股市賺到 200 萬美元（經典紀念版）

（原書名：一生做對一次投資）

作　　　者	尼可拉斯‧達華斯（Nicolas Darvas）
譯　　　者	陳　儀
責 任 編 輯	林博華
行 銷 業 務	劉順眾、顏宏紋、李君宜

總 編 輯	林博華
發 行 人	凃玉雲
出　　　版	經濟新潮社
	104台北市民生東路二段141號5樓
	電話：(02) 2500-7696　傳真：(02) 2500-1955
	經濟新潮社部落格：http://ecocite.pixnet.net
發　　　行	英屬蓋曼群島商家庭傳媒股份有限公司城邦分公司
	台北市中山區民生東路二段141號11樓
	客服服務專線：02-25007718；25007719
	24小時傳真專線：02-25001990；25001991
	服務時間：週一至週五上午09:30-12:00；下午13:30-17:00
	劃撥帳號：19863813；戶名：書虫股份有限公司
	讀者服務信箱：service@readingclub.com.tw
香港發行所	城邦（香港）出版集團有限公司
	香港灣仔駱克道193號東超商業中心1樓
	電話：852-25086231　傳真：852-25789337
	E-mail: hkcite@biznetvigator.com
馬新發行所	城邦（馬新）出版集團Cite(M) Sdn Bhd
	41, Jalan Radin Anum, Bandar Baru Sri Petaling,
	57000 Kuala Lumpur, Malaysia
	電話：603-90578822　傳真：603-90576622
	E-mail: cite@cite.com.my
印　　　刷	一展彩色製版有限公司
初 版 一 刷	2010年4月6日
二 版 一 刷	2017年11月9日

城邦讀書花園
www.cite.com.tw

ISBN：978-986-95263-4-0

售價：320元

〈出版緣起〉

我們在商業性、全球化的世界中生活

經濟新潮社編輯部

跨入二十一世紀，放眼這個世界，不能不感到這是「全球化」及「商業力量無遠弗屆」的時代。隨著資訊科技的進步、網路的普及，我們可以輕鬆地和認識或不認識的朋友交流；同時，企業巨人在我們日常生活中所扮演的角色，也是日益重要，甚至不可或缺。

在這樣的背景下，我們可以說，無論是企業或個人，都面臨了巨大的挑戰與無限的機會。

本著「以人為本位，在商業性、全球化的世界中生活」為宗旨，我們成立了「經濟新潮社」，以探索未來的經營管理、經濟趨勢、投資理財為目標，使讀者能更快掌握時代的脈動，抓住最新的趨勢，並在全球化的世界裏，過更人性的生活。

之所以選擇「**經營管理─經濟趨勢─投資理財**」為主要目標，其實包含了我們的關注：「經營管理」是企業體（或非營利組織）的成長與永續之道；「投資理財」是個人的安身之道；而「經濟趨勢」則是會影響這兩者的變數。綜合來看，可以涵蓋我們所關注的「個人生活」和「組織生活」這兩個面向。

　　這也可以說明我們命名為「經濟新潮」的緣由──因為經濟狀況變化萬千，最終還是群眾心理的反映，離不開「人」的因素；這也是我們「以人為本位」的初衷。

　　手機廣告裏有一句名言：「科技始終來自人性。」我們倒期待「商業始終來自人性」，並努力在往後的編輯與出版的過程中實踐。

目 錄

技術面與基本面並重時期

尋找自己的賺錢魔法

林奇芬

開始讀《我如何在股市賺到200萬美元》這本書時，我覺得有點驚訝，又有點沉悶。一個舞蹈家卻成為股票投資高手，這個故事本身就夠讓人驚訝了。而書中不斷地提到，他何時以多少錢，買了某支股票，又在何時以多少錢賣出。看著一個又一個陌生的公司與股價，心裡不免覺得很悶。

但是，當我耐著性子看完他的投資過程後，我卻似乎看到另一本投資經典《股票作手回憶錄》的影子。作者都是把自己真實的投資紀錄，一五一十地娓娓道來，讓讀者跟著他的投資經驗，一起走一回。感受他的挫敗、迷惘，也感受他體悟後的興奮，與成功的喜悅。

這個發生在近六十年前的故事，到今天仍然可以讓股票族參考，可見，賺錢的方法只要是對的，可以跨越時空歷久

彌新。雖然用今天的眼光來看,作者達華斯要營業員每天發電報告訴他股票報價的方式,和今天我們拿個智慧手機就可以掌握全球股價來看,真的是恍如隔世。但是,和股市保持一點距離,尋找強勢股、嚴謹遵守停損點,這些投資紀律則是成為股票投資高手,永遠不變的金律。

作者在初嘗投資市場水溫之際,也跟所有追高殺低的投資人一樣,頻繁進出、亂買一通。但後來他體會,要基本面與技術面並重,也就是先從投資刊物中尋找幾檔基本面看來不錯的目標。接下來就是耐心觀察,看哪一檔股票的股價出現「飆股」特質,就可以積極持有。

作者獨創的「股價箱子」投資術,從現在的眼光來看,就像是K線圖再搭配移動平均線,來觀察股價的波動區間,突破就繼續持有,跌破某個區間就停損出場。我個人覺得這是個簡單有效的投資策略,但是,投資人能不能切實執行,其實關鍵點是自己的心理面。

書中作者提到,嚐到投資勝利滋味後,有一度因為拜訪營業員,迷上了到證券號子交易的氣氛,結果那段時間讓他產生盲目的從眾投資行為,反而造成大虧損。還好後來他即時撤退,回到遠離市場讓自己冷靜判斷的投資模式,才又再

創投資佳績。所以，和股市保持一點距離，不斷地研究、尋找自己獨特的投資模式，這是我讀完這本書後的另一個體悟。

（本文作者曾擔任Money錢雜誌社長、Smart智富月刊社長、總編輯，長期從事理財知識普及化推廣。在鉅亨網部落新世界、基智網理財達人部落格、雅虎奇摩理財專家專欄、網路家庭基金名家專欄均有專欄寫作。現為Money錢雜誌顧問，理財作家，著有《治富：社長的理財私筆記》等書。）

一張好網子

羅耀宗

　　一個有趣的人，過了有趣的一生，賺到有趣的錢，寫了一本有趣的書。

　　這是一個典型的投機客在錯誤中跌跌撞撞，摸索成長的故事。從只知道股票是「會漲也會跌的東西」，到一次「新手的好運」，開始懷疑是不是錯過人生最美好的事物，而一頭栽進股市，放手一賭。

　　他四處打聽「明牌」，以為一切會像第一次甜美的意外那麼容易。事實不然，他錯了，也賠了。

　　又因一次意外，他發現到基本面的重要，於是每晚耗上幾個小時，鑽研數百家企業的財務報表，然後仔細閱讀評等機構發表的報告，以求迅速了解各家企業的相對基本面優劣。

　　他決定購買漲勢比大盤強的產業股群中，基本面最好的

個股。不再聽信別人的小道消息，自己用功做功課，運用科學方法研究買進股票，應該沒錯吧？可是，這也賠了，而在危急之際救他一命的，竟是他完全一無所知，只是「看起來好像即將上漲」的一檔股票。

於是，他踏進技術面分析的領域──完全根據股票在市場上的行為而買賣──因為他認為技術面走勢包含的資訊比基本面要廣；所有的資訊，一定反映在價格走勢和成交量上。所以他捨棄基本面，只買突然綻現技術面強勢的股票。

這一招也不是完全靈光。買進的技術面強勢股，可能急轉直下，等到賣出，又開始上漲。也就是，進出場時機不對。潛心研究，他進而發現股價亂中有序的「箱形」走勢，並且靠它賺進可觀的利潤。他也在本書明確指點務實可行的一般性做法，告訴我們買點和賣點各在箱形的哪個位置。

經過市場的進一步磨練，他重新發現，個股的價格走勢畢竟受到基本面強弱勢的牽引。「如果一匹馬會贏，牠就是會贏，即便有成千上萬個觀眾為另一匹馬加油，牠一樣會贏」。所以他的操作手法回歸技術面和基本面並重，一直到操作生涯結束。

但是世界上沒有萬無一失的理論。他相信，即使是賺錢的理論，執行時必有一半的時候是錯的。沒人是先知。市場

沒有什麼是不可能的事。再怎麼費心鑽研，總有人算不如天算的時候。這時，就要遵循股市那句老話：「斷然認賠停損」（cut loss short）。

他利用移動停損的觀念，在股價上漲時，亦步亦趨地設定出場點。只要股價不跌到這一點，就不去動它。於是，利潤沒有上限，實現了做對那一半「讓利潤源源滾進」（let profit run）的成果；反之，一遇跌幅到達某種程度，二話不說，拔腿走人，因而限制住做錯那一半的虧損。

股市本就充滿驚奇。想要獲利，不能單靠運氣，也不能單靠努力。賠小賺大，立於不敗之地，贏面當然居多。

我在筆譯生涯之初認識達華斯，譯過他寫的《華爾街傳奇——我的生存之道》（Wall Street: The Other Las Vegas；寰宇出版公司發行）。大約那個時候，我也曾混進股票市場當「賭徒」，卻在發生虧損之後，做成結論：「不是那塊料。」於是黯然引退，專心筆耕，少碰股票。

而今翻閱這本書的「作者前言」，讀到一位讀者對達華斯說，「你雖然在股票市場賺了二百萬美元，但在出版業，你可能連兩分錢都賺不到」，聞之大驚。如果我在下賭虧損之後，能有達華斯不屈不撓的毅力，鍥而不捨研究自己的錯誤和設法改進，也許今天就不必為他的書寫推薦序了。

翻譯《葛拉漢的左腦巴菲特的右手：竄出渾沌市場的投資智慧》（*How to think like Benjamin Graham and invest like Warren Buffett*；美商麥格羅·希爾公司發行）一書，曾經譯到這麼一句話：「努力抓蝴蝶的人不能只靠運氣，必須有一張好網子才行。」

成長的關鍵，在於懂得從錯誤中學習，更好的是從別人的錯誤中學習。達華斯把他在股市浮沉而終致投機成功的經驗寫成一本書，給了一張好網子，剩下的，就等你自行摸索如何揮舞。

（本文作者為資深翻譯家，曾獲時報出版公司「白金翻譯家」獎。所著《Google：Google 成功的七堂課》獲中華民國經濟部中小企業處金書獎。現為財金與商業專業自由文字工作者。設有「智慧語錄」部落格 http://allinonesentence.blogspot.com/）

原出版者序

《我如何在股市賺到200萬美元》是美國股市投資的一本經典名著。

大多數股市投資的經典都是在過去五十年或七十五年前出版的，而這一本幾乎可算是當代的書，距今僅大約二十五年左右。

尼克・達華斯是個怪人，他幾乎在各方面都表現傑出，包括設計填字謎題、乒乓球冠軍賽，他更是全世界最高薪的表演廳舞者。

尼克一點都不怕自己太過與眾不同。他敏銳的心靈從不曾停止思考。他曾在紐約廣場飯店的酒吧裏問我某個問題，兩個星期後，我在巴黎的喬治酒店（George V）和他碰頭，一起喝杯小酒，他自己回答了這個問題。過了四個星期，他又在蒙地卡羅的巴黎飯店進一步詳細說明他的答案。半年之後，在里約熱內盧的萊姆宮廷飯店（Leme Palace Hotel）前的科巴卡巴納（Copacabana）海灘做日光浴時，他又繼續談

起那個話題。

　我記得有一次，我和內人以及作曲家迪克‧曼寧（Dick Manning）伉儷一起在捷克布拉格市某一間典型的「第一流」寒酸飯店的某個房間裏，突然間電話響起。我敢打賭當時沒有人知道我們住在哪裏，包括我在紐約的祕書──但達華斯卻找到了我。

　他找我究竟是為了什麼十萬火急的事？原來，尼克要我聽聽他對當時即將出版的《華爾街傳奇》（*Wall Street: The Other Las Vegas*）一書的書衣顏色的想法。

　我非常高興能再度出版這本書，因為一直都有人很想擁有這本書。書上所寫的股票市場觀點既坦率又辛辣，所有在華爾街大賭場裏面「賭博」的人，當然應該要擁有這本書。

　我要和你分享一個不為人知的有趣訊息。《我如何在股市賺到200萬美元》熱賣後，《霸榮》（*Barron's*）雜誌的發行量增加了一倍。《霸榮》雜誌欠達華斯一個大人情。不過，《霸榮》表達感謝的方式卻極其怪異！它和其他許多財經雜誌及報紙一樣，低調封殺了《華爾街傳奇》一書有關的所有廣告宣傳，因為這本書揭露了營業員和「情報販子」（譯注：指財經分析師之類的人）的醜態，而這些人正好是該雜

誌的忠實廣告主。這些平面媒體不僅不願意讓我們這本書刊登付費廣告，更不允許它的任何新聞專欄或評論提及這本書！

　　打從我年紀輕輕擔任報社記者時，就已經懂得「吃人的嘴軟」這個諺語的道理。

　　但打壓活動卻幾乎是全面性的。《新聞週刊》原本敲定一場訪問，結果，訪問被取消。《時代》雜誌本來要求我們提供一張達華斯的照片，希望把它附在一篇報導上，不過，這篇報導完全言之無物，內容巧妙地避開所有和本書主題有關的一切。

　　《華爾街傳奇》那本書拆穿了華爾街浮誇的外表，摧毀了很多騙人的假象，所有讀過那本書的人對股票、營業員或財經快訊的觀感全都為之翻盤。如果這本書重新發行的成績不錯，也許我們也會考慮重新出版那本書。

　　現在你手上拿著的這本書，是第一本劇烈改變顧客對他們的營業員與券商的觀感的書。

　　讀過以後，你就會知道為什麼。吸收這本書的精髓後，你未來的股票操作態度將變得更加成熟與精進。

李爾・史都華（Lyle Stuart）

新澤西州李堡市，一九八六年三月

作者前言

那時，我正在甘迺迪國際機場極具現代感的電話亭裏。查理‧史坦（Charlie Stein）就站在幾英呎外，和一個美女攀談著。

查理是羅德哈德威克公司（Lord Hardwick Corporation）的總裁。他的身邊總是不乏美女相伴，而且，他好像特別喜歡把我引薦給這些美女認識，看著他讚美我的方式，好像他因為認識我而變得更加舉足輕重似的！

平常這種高人一等的恭維對我並沒有特別的好處，不過，今天可不一樣。因為我們所有人都沒有看見在場的另一個隱形「美女」，她就站在我們旁邊。姑且稱她為財富女神或機遇女爵好了。

於是，我第一次覺得查理利用我是對我有幫助的。因為這次的恭維促成了這本書的重新發行。

那時，我正試著打電話給我在巴黎的女朋友，我正胡思亂想著她是不是背著我去跟別人約會——這時，查理展開他慣用的手法，開始吹捧尼可拉斯‧達華斯。他不斷重複提及我的名字，而且一如往常，他的音量非常大。這時，一個陌生人從隔壁的電話亭走了出來，並問：「那個人真的是達華斯嗎？我曾經把他的書當作化學課本來猛K——你相信嗎——我運用他的方法賺到了十萬美元！」

我走出電話亭，這個陌生人轉向我，他問：「為什麼你寫的《我如何在股市賺到200萬美元》會絕版？」

他不等我回答，就接著說：「我買了十幾本這本書，」接著又說：「不過，現在好像用任何價格都買不到了。我剩下的唯一那本也總是被借走，每次我都得求我朋友把它還給我。他們最後雖然都會還給我，但那本書已經變得破破爛爛的了。」

這個陌生人伸出手，他說：「我要跟你說聲謝謝，」「如果不是要去趕飛機，我一定會請你吃晚餐或喝一杯。我有話想要告訴你。你雖然在股票市場賺了二百萬美元，但在出版業，你可能連兩分錢都賺不到。」

他一邊說著，一邊握住我的手，接著來個大旋轉，便跑向登機門。

　　這件事讓我受到很大的衝擊，我頓時無言。經過了十年的此時此刻，我還是會收到不少回應這本書的郵件。讀者一再來函要求我澄清某些要點，多數的問題通常屬於同一類。但這本書卻已經絕版！

　　時間自會說明一切，而且時間已經證明，我的股市投機方法是有效的，我的書已成為一本經典之作，這本書在「絕版書」市場中，有時候還能賣到高達二十美元的價格。

　　這一切全是因為我太幸運了嗎？是一個即使連笨蛋都不會虧本的超級多頭市場，造就了現在的我嗎？還是我的方法的確非常好，在任何市場都非常管用？

　　事實是：這本書已經通過了時間的謹慎檢驗。

　　我從機場走到李爾‧史都華位於公園南路的辦公室。我的第二本書《華爾街傳奇》就是他為我出版的。他是個有膽識的人，更是那種敢於放手一搏的人。不過，當我向他提到是否可能重新出版《我如何在股市賺到200萬美元》一書時，他卻向我擔保，這壓根兒沒問題。短暫的討論後，我們就決定重新出版原來的那本書，一字不改。原因是，這本書已是經典，沒有修訂的必要。我們估計有一百萬人讀過這本書，而且它的影響非常深遠，甚至迫使一個交易所──美國證券交易所──改變它的停損單（stop-loss orders）規定。

因此，那些「當權者」非常惱怒這本書，曾經說服紐約州的檢察總長對這本書進行粗暴的控訴，只不過後來他默默地撤銷了所有指控。（他的指控可說是雷聲大雨點小，幾乎是無聲無息地撤銷指控）。

　　沒錯，我們將保留本書的「原汁原味」，內容將和首次發行時一模一樣。不過，我們會加入很多來自讀者的問題，而我會回答這些問題。你們將會在本書的結尾處找到這些新增的內容。

　　顯然，我只回答最常被問到的問題。不過，我要在此向你描述一封完全沒有提出問題的信，那是一封譴責信。

　　那位讀者的信附上許多頁的資料，他指出我「錯失了金礦」。他堅稱若我聘請兩個全職助理，同時以兩年的時間來應用這個方法，我的報酬應該會等於我的原始投資金額（三萬六千美元）的三千倍，也就是一億美元，而不是在十八個月內只賺到區區二百二十五萬美元。

　　這位讀者說，我錯在未能善加利用高波動速率以及融資的利益。他也說我未能將獲利再投資到股市。

　　當然，這些全都是事後諸葛的觀點。這封信附上了詳細的技術線圖來證明他的論點。我是否能在十八個月內賺到約當原始資本金額的一百四十倍、二百倍或一千倍？

　　也許可以吧。不過，我對我的成果已經夠滿意了。我利用一個簡單的工具：移動停損法（trailing stop-loss），避免過早賣出股票，同時透過我的多數持股獲取了高額利潤，更以平靜的心情累積了一大筆財富。

　　我發現世界上並不存在「不虧損」的極樂世界。不過，我做到了限制虧損，只要可能，就把虧損控制在10%以下，完全不妥協。獲利是時間的函數，所以，沒有理由持有一檔沒有獲利的股票超過三個星期。

　　我的停損法產生了兩個效果，它讓我退出錯誤的股票，續抱正確的股票。而且，它讓我快速執行這些動作。我的方法顯然並不適用於所有人，但對我而言，卻非常有效。我希望你研究過我的做法後，會覺得這本書有一點用處，能幫你賺錢。

尼可拉斯‧達華斯（Nicolas Darvas）

巴黎，一九七一年二月

CABLE AND WIRELESS LIMITED

THE EASTERN EXTENSION AUSTRALASIA & CHINA TELEGRAPH CO. LTD
(Incorporated in England)

ΛΙΛΟΛΙΛ

The first line of this Telegram contains the following particulars in the order named : Prefix, Letters and Number of Message, Office of Origin, Number of Words, Date, Time: handed in and Official Instructions if any.

RECEIVING OFFICE

HONG KONG

GCW126/NMA129 NEWYORKNY 48 2 1600 CNT 6 PARENS =

DARVAS GLOUCESTER HOTEL HONGKONG "

BOUGHT 1300 T 49-7/8 T 51 X51-3/4 -

49-7/8X L 54-7/8 X55-7/8 - 54-1/8X E

50-3/4 X51-1/4 - 50-1/2X U 41-7/8 X42-3/8

- 41-3/8X G 19-5/8 X20 - 19-5/8X F

34-1/8 X36-3/8 - 34-1/8X DOLLARS 11*77 -

這封電報在一九五八年九月三日抵達香港的格洛塞斯特酒店：「49.875元買進一千三百股西歐科……」

　　這筆買單是讓我在十八個月內淨賺二白萬美元的一系列買單之一。

　　且聽我慢慢述說促成這筆交易的前因後果……

賭徒時期

第1章

在加拿大的日子

當時是一九五二年十一月，我在紐約曼哈頓的「拉丁區夜總會」（Latin Quarter）登台表演，我的經紀人打電話來。他為我和我的舞伴茱莉亞接洽了一個表演節目，那是要到多倫多一個夜總會登台。這家夜總會的老闆是對雙胞胎兄弟——艾爾與哈利·史密斯（Al and Harry Smith），他們對我開出了一個極不尋常的價碼。他們提議以股票取代現金來支付我的酬勞。在整個表演生涯中，我曾有過很多奇特的經驗，但這種情況還是頭一遭碰到。

我提出了進一步的疑問，結果，我終於搞懂他們準備以六千股的布理蘭（Brilund）公司股票來抵付我的酬勞。那是一家加拿大礦業公司，他們手上正好持有該公司的股權。當時，該公司的股票報價是每股0.5美元。

我知道股票會漲、會跌——而我懂的就這麼多了——所

以，我問史密斯兄弟是否願意對我作以下保證：如果股票價格跌破0.5美元，他們必須補償差額。結果，他們答應在六個月內給我這個保證。

不過，我後來因故未能到多倫多表演，讓這對兄弟十分失望，我心裏其實也很過意不去，所以，為了向他們示好，我告訴他們，我願意買這些股票。我寄了一張三千美元的支票給他們，隨後也收到了六千股的布理蘭公司股票。

接著，我完全忘了這些股票的存在，直到大約兩個月後的某一天，我在翻閱報紙時，無意中瞄到這檔股票的價格。我當時立刻從椅子上跳了起來。我用0.5元買的布理蘭股票，現在的報價已是1.9美元。於是，我馬上賣掉股票，實現了接近八千美元的獲利。

最初，我實在不敢相信天底下竟有這等好事。這對我來說就像神奇的魔法。我覺得自己像個第一次參加賽跑但卻因「新手的好運」而贏得比賽的人。我把贏來的錢落袋為安以後，便開始思索：「我花了多久的時間賺到這些錢？」

我最後的結論是：我錯過了人生最「好康」的一件事，因此，我也隨即下定決心要投入股票市場。做完這個決定後，我從未退縮，只不過當時我幾乎完全不知道在進入這個陌生的叢林後，會有什麼樣的駭人問題等著我。

　　我當時對股票市場完全一無所知，舉個例子，我甚至不知道紐約有一個股票市場。我只聽過加拿大股票，尤其是礦業股。由於這種股票讓我嘗過甜頭，所以，顯然最聰明的做法就是繼續投資這種股票。

　　但我該如何跨出第一步？要怎麼知道應該買哪些股票？我不可能用針挑出這些股票，一定要有資訊才行。而這就是我當時最主要的問題：如何取得資訊。事實上，我到現在才了解，一般人根本不可能做到這一點，不過，當時我天真地以為只要多向一些人討教，就能懂得這個大祕密。我認為只要我問得勤一點，就會認識一些真正懂股票的人。所以，不管遇到什麼人，我都會問他們是否能提供一點股票市場資訊給我。在夜總會工作讓我認識很多有錢人，而有錢人一定頗識此道。

　　所以，我不停地向他們發問。我總是把「你知道哪支股票好？」這個問題掛在嘴邊。但很怪的是，似乎每個人都知道一檔好股票。這讓我很訝異；顯然我是美國境內唯一沒有第一手獨家股票市場資訊的人。我滿懷希望地聽著他們的談話，同時虔誠地遵守他們透露給我的小道消息。不管誰叫我買什麼，我一定照辦。但我花了很久的時間才終於發現，這個方法永遠都不會有用。

　　我成為最典型的小散戶，盲目樂觀又有勇無謀，不停地在股票市場進進出出。我甚至會買一些我連它們的名字都念不出來的公司。我完全不知道這些公司從事什麼業務，也不知道它們來自何方，這些都是從朋友的朋友那裏聽來的「明牌」。世界上應該再也沒有像我那麼痴傻又無知的買家。我當時只知道，在我上次登台表演的那個夜總會碰到的最後一個服務生領班告訴我的消息絕對不會有錯。

　　一九五三年年初，我到多倫多表演。由於我人生第一筆八千美元意外之財是透過布理蘭公司的股票賺到的，所以，加拿大對我來說，簡直是個處處有金山銀山的地方，我也因此認為這是一個尋找「熱門小道消息」的好地方。於是，我問了幾個人，看看他們是否認識品行優良又可靠的營業員，最後，終於有人向我推薦了一個人。

　　我必須承認，找到他的辦公室時，我感到非常震驚且失望。那是一間非常狹小、昏暗，又像個牢房的小房間，裏面放滿了書籍，牆上有一些奇奇怪怪的塗鴉。後來，我才知道這些塗鴉稱為「技術線圖」。在那裏，我感受不到成功與效率的氣息。有個男人坐在一張可合蓋的書桌前，忙著鑽研統計數據與書籍。當我問他是否知道有什麼好股票時，他馬上就有了反應。

他微笑著從他的夾克拿出一張股利支票，那是一個知名的金礦公司——克爾艾迪遜公司（Kerr-Addison）所發的股利支票。

他站起身來說：「我的朋友，好好看看這個。這張股利支票的價值大約是我父親當初買這些股票時所投入資金的五倍。這就是每個人都夢寐以求的那種股票。」

光是股利就相當於原始股票價格的五倍！這讓我興奮異常，任何人應該都會和我一樣。股利是80美分，所以，他父親當初應該是以16美分買進這些股票。它看起來極端吸引我。但我卻只知其一不知其二——他可能已經持有他父親的這檔股票長達三十五年之久。

這個瘦小的男人向我描述他多年來如何嘔心瀝血地尋找那一類的股票。根據他父親的成就來研判，他認為答案應該就是經營金礦的公司。他偷偷向我透露，他終於找到了這樣一檔股票。這家公司叫做東方馬拉提克公司（Eastern Malartic）。根據它的產量數據、估計值和財務資訊，他推估這些金礦其實能夠生產約當它現有產量的兩倍，所以，投資五美元到它們的股票，這些股票很快就會增值到十美元。

於是，我立刻根據這個博學多聞的專家所提供的資訊，以每股290美分買進一千股的東方馬拉提克股票。接著，我

焦慮地看著股價跌到270美分，接下來又跌到260美分。在幾個星期之內，它跌到241美分，接下來，我匆忙將股票賣掉。這件事讓我認定那個勤勉、重視統計數據的營業員並不懂賺錢的方法。

不過，我還是難以忘情於股票這玩意兒。我繼續尋找所有可能的小道消息，但卻依舊鮮少賺錢。就算有賺，也大約只夠彌補虧損而已。

有一個例子可以證明那時的我確實是個不折不扣的新手，我甚至連營業員佣金和移轉稅（transfer tax）都不懂。我在一九五三年一月買進凱藍礦業（Kayrand Mines），那是一檔10美分的股票，我買了一萬股。

我向隻貓咪似的監視著市場動向。隔天，凱藍公司的股價上漲到每股11美分，我立刻打電話給我的營業員，要求他賣掉股票。就我的認知，我已在二十四小時之內賺了一百美元，而且，我認為快速獲利了結是聰明的做法，即便只是一筆小利。

當我再度和營業員聯絡上時，他問我：「你那時為什麼要認賠出場？」──「認賠？」我賺了一百美元耶！於是，他很有風度地解釋給我聽：買進一萬股股票的營業員佣金是五十美元，隔天賣掉這些股票的佣金又是五十美元。此外，

賣出股票時，還要繳納移轉稅。

當時我持有很多奇奇怪怪的股票，凱藍公司不過是其中之一。其他還包括摩格爾礦業（Mogul Mines）、聯合薩德巴瑞盆地礦業（Consolidated Sudbury Basin Mines）、魁北克精煉與提煉（Quebec Smelting & Refining）、瑞斯巴爾（Rexspar）、傑伊探勘（Jaye Exploration）等。不過，這些股票全都沒能幫我賺錢。

我花了一整年的時間買進與賣出加拿大的股票，感覺自己是個成功的商人和股票市場大作手。我像隻蚱蜢般跳進又跳出股市。就算賺個兩塊錢，都能讓我非常欣喜。通常我一次會持有二十五到三十檔股票，但（每一檔股票的）持股數都很少。

其中，有一些股票是基於我個人的特殊愛好而買進，而我喜愛這些股票的原因各不相同。也有些情況是，持股是某個好友給我的；還有就是因為，這些股票讓我賺過錢。這導致我特別偏好某些股票，也因如此，我在不知不覺當中，開始養起「寵物」來。

我把它們想成一種屬於我的東西，好像家人一樣。我日日夜夜讚頌它們的優點。我談論這些股票的樣子，簡直就像某人在聊他的孩子似的。直到我發現我最愛的「寵物」害我

虧最多錢時，這樣的心態才終於改變。

在短短幾個月內，我的買賣紀錄看起來已經像個小型股票交易所的交易紀錄。但我卻覺得自己做得還可以，情況看起來好像即將會有進展。只不過，如果我當時能稍加謹慎研究我的報表，一定不可能那麼樂在其中。我早該了解這一點的，不過，當時的我就像個賭馬客，蠅頭小利就足以讓我志得意滿、興奮不已，對於虧損卻視而不見。我完全漠視自己持有一大堆已跌破取得成本且看起來沒有機會漲價的股票的事實。

那是一段荒唐且愚蠢的賭博期，我完全沒有思考過我是基於什麼理由操作特定股票。我完全是依據「直覺」行事，跟著上天賜予的靈感、根據「找到鈾礦」或「發現石油」等諸多謠言，以及任何一個人告訴我的消息買股票。儘管老是虧本，但偶爾獲得的蠅頭小利，就能讓我繼續滿懷希望，那簡直就像掛在驢子眼前的紅蘿蔔。

然後，我這樣跳進、跳出股市大約七個月後，有一天，我決定檢視我的帳冊。把手上所有爛股票的價值全部加總起來後，我發現自己虧了將近三千美元。

直到那一天，我才開始懷疑我的賺錢計畫好像有那麼一點不對勁。在我的內心深處，突然有一個聲音開始對我呢

喃，它說我根本不懂自己在做些什麼。

　　不過，我還是繼續勇往直前。我安慰自己，至少我還沒有動用到當初投入布理蘭公司的三千美元老本，而且，透過那筆交易賺得的利潤大約還剩下五千美元。但是，如果我繼續這樣玩下去，我還能保住其中多少利潤？

　　以下只是我的損益帳目裏的其中一頁，一粒砂看世界，從這些內容就可以看出我完整的慘敗故事：

老煙霧瓦斯與石油（Old Smoky Gas & Oils）

　　　　19美分買進

　　　　10美分賣出

凱藍礦業

　　　　12美分買進

　　　　8美分賣出

瑞斯巴爾

　　　　130美分買進

　　　　110美分賣出

魁北克精煉與提煉

　　　　22美分買進

　　　　14美分賣出

　　由於受到「眼前的紅蘿蔔」利益的誘惑，所以我壓根兒
沒有注意到我平均一個星期虧掉100美元。

　　這是我在股票市場遭遇到的第一個兩難。接下來六年，
市場還有更多更難應付的兩難在等著我，不過，就某種層面
來說，這卻是最難的一個，因為我此時必須決定是否要繼續
在市場上操作。

　　結果，我決定留在市場上，再試一次。

　　接下來的問題是，我該做些什麼？一定有其他不同的操
作方法可用。我可以改善我的方法嗎？我的成果已經證明，
聽信夜總會顧客、服務生領班和舞台工作人員的話是錯誤
的。他們和我一樣都是外行人，不管他們對自己提供的小道
消息多麼有信心，他們終究不比我懂更多。

　　我凝視著一頁頁的券商報表，上面寫著：90美分買進，
82美分賣出……65美分買進，48美分賣出……

　　誰能幫我找到股票市場的祕密？我開始閱讀加拿大的理
財刊物和加拿大股票表格。我開始頻繁地閱讀顧問公司的小
報，因為這些小報會提供一些和多倫多股票交易所掛牌股票
有關的小道消息。

　　那時，我做了決定，如果要繼續下去，一定需要專業的
協助；所以，我訂了一些提供理財資訊的顧問服務。我的理

由是，畢竟這些人都是專家。我將依循他們的專業建議，不要再根據陌生人或類似我這種外行股票迷的奇怪小道消息買股票。他們既熟練又敏銳，如果我能追隨他們的指導，最後一定會成功！

市面上有一些理財顧問服務公司提供試閱方案，只要一美元就能訂閱四份資訊報告。你可以把這種試閱當作一種善意的體驗機會，接下來再認真考慮是否要向他們購買這些珍貴的服務。

我花了大約十幾美元試閱這些資訊報告，每次我都以渴望的心情閱讀它們。

紐約確實有很多聲譽卓著的金融服務公司，但我訂購的加拿大資訊報告根本就是騙人的把戲。為什麼我會知道？因為這些理財顧問公司的報告讓我覺得心情愉快而且興奮。他們將股票市場投機行為形容成一種輕而易舉且刻不容緩的事。

他們會寫類似這樣的斗大標題：

「現在就買這一檔股票，否則就太晚了！」

「現在就投入你的全部資源。」

「如果你的營業員阻擋你，就換掉營業員！」

「這一檔股票將讓你獲利100%以上！」

　　這樣的內容看起來當然很像真實又搶手的資訊。這比餐廳裏聽到的那種千奇百怪的小道消息可靠太多了。

　　我帶著渴望的心讀這些「促銷報告」。報告內容總是充滿了無私又親切的愛。其中一份報告還寫著：

　　「加拿大金融史上頭一遭：小散戶首度擁有如此不可思議的大好機會，讓你優先入股一項輝煌的新開發案！」

　　「華爾街的財閥一直都妄想收購我們公司的所有股票，但為了表明和邪惡傳統對抗的立場，我們只對使用溫和手段的投資人——就像你⋯⋯的參與有興趣。」

　　這就是當時的我！他們簡直對我瞭若指掌。我就是那種典型的小散戶，那種隨華爾街財閥擺布，需要人家同情的小散戶。

　　每次我都會急忙跑去打電話，買進他們推薦的股票。結果，這些股票全都下跌，沒有例外。我不了解其中的原因，但我一點都不擔心。他們必定知道他們在說些什麼，下一檔股票一定會漲。但結果這些股票卻鮮少上漲。

　　我當時並不知道自己碰上了所有小操作者都會遭遇到的大圈套——「何時該進場」這個幾乎無解的問題。對很多股市新手來說，「買進股票後，股價隨即下跌」確實是眾多最

令人難以理解的現象之一。我花了很多年才終於了解,當這些金融情報販子建議小操作者買進一檔股票時,先前靠著內線資訊而早一步買進該股票的專家們,其實已經反手在賣股票了。

就在這些透過內線訊息而趁早進場的資金陸續撤出之際,受騙的小散戶的資金才開始介入。他們不是最先進場、擁有最多資金的人,而是最後進場、資金最少的「小咖」。小散戶進場的時機過晚,而且由於資金過少,所以當專家出場時,散戶資金根本就支撐不了過高的不合理股價。

現在的我當然已了解箇中的奧妙,不過,當時的我卻完全不懂為何那些股票的表現會那麼糟。我還以為都是我的運氣不好,才會每次一進場,股票就跌。如今回顧當時,我其實有可能在那段期間失去一切的。

每次我投資一百美元,一定會馬上就虧掉二十到三十美元。不過,確實也有少數幾檔股票上漲,只要這樣我就能稍感慰藉。

我連到紐約去都會打電話向多倫多的營業員下單。

我之所以會這樣做,是因為我根本不知道我可以透過紐約的營業員買賣加拿大交易所掛牌的股票。多倫多的營業員老是打電話告訴我一些小道消息,而我也每次都會買進他們

或加拿大理財顧問服務公司所建議的股票，我和所有漫不經心並因此難以獲得成就的小操作者一樣，將虧損歸咎於運氣不佳。我知道我一定會有時來運轉的一天，而且還對此深信不疑。我並不是每次都買錯股票，從某些方面來說，如果我真的全部都買錯，結果應該會好一點。問題在於我偶爾也會賺個幾塊錢，但那通常都是意外所造成。

以下是其中一個例子：我漸漸開始著迷於檢閱加拿大股票表格。有一天，我在逐一檢視這些表格時，突然發現一檔名為卡爾德包斯魁（Calder Bousquet）的公司。那時我還不認識這家公司，更不知道它從事什麼業務。不過，這個名字看起來真的很不錯，我喜歡這家公司名字的唸法，所以，我在18美分的價位買進了五千股，一共花了九百美元。

接下來，為了履行一個承諾，我必須飛到馬德里作舞蹈表演。一個月後，我回來翻開報紙，尋找這個名字，結果發現它已經上漲到36美分，股價已是我買進時的兩倍，所以，我賣掉股票，賺了九百美元。但這純粹是「瞎貓碰到死耗子」。

而且，這是瞎貓碰到加倍的死耗子——除了股票本身在沒有充分理由的情況下而大漲外，如果我當初不是到西班牙演出，一定會在股價上漲到22美分時賣掉它。我在西班牙

時，完全無法取得加拿大股票的報價，所以說，這簡直是天賜之福，不知道股票的走勢，反而讓我不至於太快賣掉股票。

這是一段奇怪又瘋狂的日子，不過，我也是一直到事後才有這種感覺。當時的我還覺得自己真的開始要成為一個轟動一時的作手呢！我對自己的表現非常自豪，因為我是根據「比較有學養」的小道消息操作股票，而不是像以前一樣，隨便聽信服務生領班或更衣室裏流傳的資訊。我的加拿大營業員會打電話給我，而理財顧問服務公司也為我提供建議，而且就算我得到的是個小道消息，我也一定認為消息是來自最源頭。我在雞尾酒吧結識的富商朋友愈來愈多，他們告訴我哪些石油公司即將探勘到油源、發大財。他們「偷偷」告訴我，阿拉斯加有鈾礦，也向我透露一些發生在魁北克的爆炸性發展。他們全都向我保證，如果我現在就介入這些股票，未來一定會賺大錢。我當然隨即採取行動，但結果這些股票並沒有幫我賺到一毛錢。

一九五三年年底，我回到紐約，我的一萬一千美元剩下五千八百美元。於是，我被迫重新檢討我的部位。商人提供的小道消息無法為我創造他們當初保證絕對實現的黃金之鄉（Eldorado）。顧問服務公司也未能提供讓我在股票市場賺錢

的資訊，它們推薦的股票通常跌多漲少。我無法從紐約的報紙查到我某些加拿大持股的報價，但我偏偏又極端沉迷於股票報價，所以，我開始閱讀諸如《紐約時報》、《紐約先驅論壇報》（*New York Herald Tribune*）和《華爾街日報》等報紙的理財專欄。我並沒有買進任何在紐約股票交易所掛牌交易的股票，不過，我迄今仍忘不了某些有著美妙名稱的股票對我所產生的影響，同時，更深受諸如「櫃檯交易」等「神祕」字眼所吸引。

看愈多報紙，我就對紐約市場更有興趣。我決定賣掉除了老煙霧瓦斯與石油公司以外的所有加拿大股票。保留這檔股票的原因，是因為當初對我透露這檔股票的人一開始就告訴我，該公司將會有驚人的發展。當然，它和其他股票一樣，並沒有出現任何令人興奮的發展，所以，過了五個月後，身在紐約的我放棄了無謂掙扎。我賣掉最後一檔加拿大股票，當初以每股19美分買進的股票，最後以10美分賣出。在此同時，我也開始猜想，儘管紐約股票交易所更靠近我家，但這個「大叢林」會不會更不容易應付？於是，我打電話給一個朋友艾迪‧艾柯爾（Eddie Elkort），他是紐約一家劇院的經紀人，我問他是否認識紐約的營業員。結果，他向我介紹一個我稱他為「路‧凱勒」（Lou Keller）的人。

信奉基本面的時期

第2章

進入華爾街

　　我打電話給路・凱勒，我向他說明我的身分和找上他的目的。隔天他就寄了一些文件來讓我簽名，並建議我在寄回這些文件時順便存一些錢，這樣，我就可以在他的證券公司擁有一個帳戶。收到他的通知時，我突然有一種感覺，我開始感覺自己已成為金融界的一員。我無法形容華爾街是什麼樣子，因為我從未親自到過那裏，不過，光是它的名字就對我有一種近乎神祕的莫名吸引力。

　　在這裏，一切都將是非常嚴肅，截然不同的。現在的我已經把加拿大那段入門時期的所作所為視為一種純粹的瘋狂賭博行為，我告誡自己絕對不能再犯相同的錯誤。

　　在研究紐約當地報紙灰色欄位裏的長串股票市場報價時，我覺得自己好像即將踏入人生的全新階段與成功期。這裏和靠不住的加拿大市場不同，那裏處處充斥著「發現金礦

與鈾礦」的速成祕密情報。而這裏的企業是負責的，這條街屬於銀行總裁與大型工業集團，我準備以一種適度敬畏的心態進入此地。

我希望擬訂一個更謹慎且更成熟的股票市場操作方法。首先，我將資產加總起來，看看有多少錢可以運用。甫進入加拿大市場時，我的起步資金是一萬一千美元，這是原本投入布理蘭公司的三千美元，再加上賺來的八千美元。不過，經過十四個月的加拿大操作時期，目前這筆錢已經減少五千二百美元，現在，只剩下五千八百美元。

要進入華爾街，這筆錢好像不太夠，所以，我決定加碼一點資金。我動用了一些我從事商業表演活動所賺來的積蓄，把賭資提高到一萬美元。這是一個不錯的整數，接著，我把這筆總額存到營業員那裏。

接下來有一天，我決定開始交易。為了假裝自己是個理財老手，我用一種蠻不在乎的語氣打電話給路‧凱勒，裝得好像只是隨口問問現在投資什麼比較好。

我現在才知道，其實只有笨蛋才會問這種問題，不過，凱勒先生還蠻適合回答這種問題的。他建議了幾檔「安全的股票」。他也告訴我一些基本面的理由，說明為什麼這些股票是「安全的」。儘管我根本不懂，但我還是專注地聆聽著

這些和股利增加、股票分割、盈餘改善等有關的解釋。對我來說，這可真的算得上最最專業的建議了！這個人在華爾街討生活，所以顯然他頗識此道。此外，他不過是「建議」而已，他強調決定權「操之在我」。他讓我覺得我很重要，覺得我是老闆。

他向我推薦很多股票，其中一、兩檔股票在他推薦後立刻就上漲幾塊錢，這讓我徹底相信我接收到的訊息絕對是最棒的，更深信自己擁有針對這些資訊採取行動的股市作手本能。但我所不知的是，當時其實是一個史上首見的大多頭市場，除非極端不幸運，否則很難不偶爾賺一點紙上利潤。

以下是我在一九五四年年初所完成的三筆典型連續性交易，這些交易讓我相信我天生就是要來華爾街混飯吃的。這個表格和本書後續其他所有表格所列的數字，全都包含佣金和稅金。

兩百股　哥倫比亞影業

買進　20美元　　（$4,050.00）

賣出　22.875美元（$4,513.42）

獲利　463.42美元

兩百股　北美航空（North American Aviation）

買進　24.25美元　（$4,904.26）

賣出　26.875美元（$5,309.89）

　　　　　　　　　　獲利　405.63美元

一百股　金百利（Kimberly-Clark）

買進　53.5美元（$5,390.35）

賣出　59美元　（$5,854.68）

　　　　　　　　　獲利　464.33美元

　　　　　　　　總獲利　1,333.38美元

　　你將注意到，每一筆交易都讓我淨賺四百多美元。總金額不大，不過，短短幾個星期內連續三筆利潤的總金額共是1,333.38美元，這讓我覺得股票操作對我來說根本是得心應手、非常輕鬆，一切好像都在我的控制之中。

　　在華爾街賺到錢的感覺，加上我向來對此地的莫名敬畏，一切的一切讓我感到愚蠢的歡愉，我覺得我已經擺脫了加拿大時期的「外行人」地位，逐漸成為一個圈內人。我當時並沒有體會到，其實我的方法並未改善，只不過掩飾這個方法的文字變得更浮誇罷了。舉個例子，我不再將營業員的建議視為小道消息，而將之視為「資訊」。我個人認為我並

沒有再聽信小道消息，我取得的是以具體經濟事實為基礎且如假包換的新聞。

這艘小船就這樣快樂的往前駛著。以下是我在一九五四年四月到五月間的一些交易：

	買進	賣出
國家貨櫃（National Container）	11	12.375
三洲認股權證（Tri-Continental Warrants）	5.125	6
阿利斯查莫斯（Allis-Chalmers）	50.75	54.875
比塞洛斯伊利（Bucyrus-Erie）	24.75	26.75
通用電力（General Dynamics）	43.5	47.25
梅斯塔機械（Mesta Machine）	32	34
環球影業（Universal Pictures）	19.625	22.75

獲利、獲利、獲利。我的信心膨脹到最高點，這裏顯然和加拿大完全不同。在這裏，我可以點石成金。到五月底時，我的一萬美元增值到一萬四千六百美元。

偶爾的挫折並未對我造成困擾，我將它們視為邁向繁榮的過程中，一種輕微且無可避免的延遲。除此之外，只要一筆交易是成功的，我就會歌頌自己的能力，但如果失敗了，我就將之歸咎於營業員。

就這樣，我繼續頻繁的交易著。有時候，我一天要打上二十通電話給營業員。如果我一天沒有和他說說話，就會覺得自己沒有善盡我在市場上的責任。如果看到一檔很想擁有的新股票，我就會像個吵著要新玩具的小孩一樣，對這些新鮮的股票伸出我的雙手。

我在一九五四年七月間所進行的許多筆華爾街交易，足以說明我為了那些蠅頭小利花費了多少精力。

二百股　美國廣播—派拉蒙（American Broadcasting-
　　　　Paramount）
　買進
　　一百股　16.875美元（$1,709.38）
　　一百股　17.5美元　（$1,772.50）
　賣出　17.875美元　　（$3,523.06）

　　　　　　　　　　　　　獲利　41.18美元

一百股　紐約中央（New York Central）
　買進　21.5美元（$2,175.75）
　賣出　22.5美元（$2,213.70）

　　　　　　　　　　　　　獲利　37.95美元

一百股　通用耐火磚（General Refractories）

買進　24.75 美元（$2,502.38）

賣出　24.75 美元（$2,442.97）

虧損　59.41 美元

一百股　美國航空（American Airlines）

買進　14.75 美元（$1,494.75）

賣出　15 美元　　（$1,476.92）

虧損　17.83 美元

總獲利　79.13 美元

總虧損 77.24 美元

　　我從這一大堆交易所獲得的淨利一共是 1.89 美元，只有營業員最高興。根據紐約股票交易所的規定，他一共因這十筆交易獲得 236.65 美元的佣金。還有，附帶一提，我的 1.89 美元獲利還沒有扣除電話費。

　　儘管如此，卻只有一件事讓我感到困擾。營業員常提到一些股票市場用語，其中大約有一半是我不懂的。但我並不想顯露出我的無知，而為了能用他的水準和他對話，我決定針對這個主題讀一點東西。除了紐約當地日報的財經專欄以外，我也開始閱讀股票市場的書籍。

漸漸的，我開始熟悉一系列的新字眼，而且我還會試著使用這些用語。我強烈受到類似盈餘、股利、資本結構等字眼所吸引。我學會了「每股盈餘」代表「一個企業的淨利除以流通在外股數」，以及「掛牌證券」是指「在紐約與美國股票交易所有報價的股票」。

我努力學習股票、債券、資產、獲利和收益率等字眼的定義。

要讀的東西實在很多，因為市面上光是和股票市場有關的書籍就有幾百本。舉個例子，內容涉及股票市場的書籍數量遠超過很多文化主題的書籍。

那時，我研究的大致上是類似以下書籍：

R. C. Effinger　　《投資概要》（*ABC of Investing*）

Dice & Eiteman《股票市場》（*The Stock Market*）

B. E. Schultz　　《證券市場及其運作方式》（*The Securities Market: And How It Works*）

Leo Barnes　　《你的投資》（*Your Investments*）

H. M. Gartley　　《在股票市場獲利》（*Profit In The Stock Market*）

Curtis Dahl　　《在股票市場獲取穩定利益》（*Consistent Profits In The Stock Market*）

E. J. Mann　　《你可以在股票市場賺錢》(*You Can*
Make Money In The Stock Market)

有了這些新詞彙作武器，加上我懂的知識似乎也愈來愈多，所以我變得更加野心勃勃。我覺得自己即將找到另一個布理蘭公司。畢竟市場那麼大，一定會存在一檔獲利潛力不輸給那個「雞蛋水餃股」(此刻的我已將布理蘭貶為水餃股)的大型優質華爾街股票。

我開始訂購諸如慕迪(Moody's)、惠譽(Fitch)和標準普爾(Standard & Poor)等公司的股票市場服務。它們提供許多讓我感到很了不起的資訊，只不過，我壓根兒不懂那些東西。

其中某些內容是這樣的：

「耐久財產品、非耐久財與服務的消費支出穩健擴張，加上生產效率顯著改善，為企業盈餘與股利改善提供非常好的基礎，企業盈餘終將反映這些情勢的有利本質。不過，我們預期已經持續許久的不穩定情況還會暫時再延續一段時間，但在這個不利的表象之下，市場所偏愛的新局面將會逐漸成形。」

這些內容讀起來很高尚、令人印象深刻，為我解答所有

疑惑，只不過，它們並未透露哪一檔股票將會像布理蘭公司那樣大漲。

而儘管我閱讀這麼多資料，卻還是抵擋不了好奇心的誘惑。我很想知道其他股票市場服務公司的意見。和在加拿大時一樣，我在此地的報紙上也看到只要一美元就能向某些服務公司試訂四個星期的資訊。很快的，只要是有在打廣告的服務公司，我幾乎都試訂過。

我收集了來自四面八方的剪報，包括日報、理財專欄、書衣等。每當我看到有新的理財服務在打廣告，就會立刻把錢寄過去。

收到這些投資快訊後，我驚訝地發現它們竟然經常彼此矛盾。通常某個服務公司會建議賣出另一個公司建議買進的股票。我也發現幾乎所有建議都含糊不清。它們會使用類似「回檔買進」或「應該在低點買進」等字眼。不過，沒有人告訴我什麼樣的狀態才叫回檔或低點。

不過，我無視於那一切問題，繼續滿懷希望地讀著，期待可以從中找出「只漲不跌的股票」的祕密。

有一天，一個向來以一年只提供五或六次資訊而自豪的顧問服務公司發表了一篇非常浮誇的投資快訊，它花了幾乎一整本書的篇幅檢視伊莫森無線電公司（Emerson Radio）。

它將這個公司拿來和強大的美國無線電公司進行適當比較，包括深入探討伊莫森的資本結構、銷售數量、稅前盈餘、稅後盈餘、每股盈餘與比較本益比等。

我並不完全了解這些東西，不過，這些看似博學的字眼和分析比較，確實讓我印象很深刻。整份文件證明，若和美國無線電公司（RCA）當時的股價比較，每股才 12 美元的伊莫森應該價值 30 到 35 美元。

我當然因此買了伊莫森。我的購買價格是 12.5 美元，一本光鮮亮麗的小冊子向我擔保它價值 35 美元，相較之下，我的買進價格自然顯得很物超所值。結果呢？這個「鐵定會賺錢」的股票開始下跌。我既困惑又沮喪，最後還是把股票賣掉。

現在，我很確定那位認真編纂這本華麗小冊子的華爾街分析師並沒有其他企圖，一切只為了最崇高的目的，但是，基於忠實表達整個事件的考量，我還是必須說，到一九五六年年底，這一檔股票的價格跌到 5.75 美元。

大約就在那個時候，我聽到華爾街口耳相傳好幾個世代的一句諺語，但我卻是第一次聽到：「獲利了結就不會破產。」這句話猶如醍醐灌頂，我迫不及待地將它應用到操作上。我的做法是：

　　凱瑟鋁業（Kaiser Aluminum）是一九五五年二月初的市場強勢股之一，我在營業員的建議下，以63.375美元買進了一百股，為了取得這些股票，我一共支付了6,378.84美元。後來，它的股價穩定上漲，到75美元時，我賣掉股票，收回了7,453.29美元，這讓我在不到一個月的時間內賺了1,074.45美元。

　　我很期待下一個快速獲利的機會，於是，我轉以83美元買進一百股波音（Boeing）。為取得這些股票，我支付了8,343.3美元，不過，這一檔股票幾乎立刻就開始下跌。四天後，我以79.875美元賣掉股票，收回7,940.05美元。我因波音的交易虧損了403.25美元。

　　為了彌補這些虧損，我又在四月的第一個星期買了梅格馬銅業（Magma Copper）。當時它的售價是89.75美元，我付了9,018.98美元買了一百股。但它也在我買進後立刻開始下跌。兩個星期後，我用80.5元賣出這些股票，收回8,002.18美元。這讓我虧損了1,016.8美元。

　　不過，就在此時，我在三月第一個星期賣出的凱瑟鋁業已上漲到82美元，正好此時有一個顧問服務公司在推薦它，所以，我又回頭買它的股票，以那個價格買進一百股，共付了8,243.2美元。

　　五分鐘後，它卻開始下跌。為了不想承擔繼續虧錢的風險，我在81.75元賣出，收回8,127.59美元。這代表短短五分鐘的交易讓我虧掉了115.61美元，包括佣金。

　　我從凱瑟鋁業的第一筆交易中賺到1,074.45美元，因買進與賣出其他股票所產生的虧損則是1,535.66美元。所以，這一系列兜圈子般的交易——以凱瑟鋁業為始，以凱瑟鋁業為終——讓我淨虧損了461.21美元。

　　如果我打從在63.375美元買進凱瑟鋁業後，就一直抱牢這些股票，到最後以81.75美元賣出，我理當可以獲得1,748.75美元的利益，而非虧損462.21美元。

　　以下是另一個例子，期間是從一九五四年十一月起到一九五五年三月為止，我經常反覆買進與賣出一檔名為雷恩尼爾公司（Rayonier）的股票，在那八個月期間，它的股價從大約50美元上漲到100美元。以下是我交易雷恩尼爾股票的紀錄，每次都是交易一百股。

　　1954年11-12月

　　　買進53美元　　（$5,340.30）

　　　賣出58.25美元（$5,779.99）

　　　　　　　　　獲利　439.69美元

1955年2-3月

買進63.875美元（$6,428.89）

賣出71.625美元（$7,116.13）

獲利　687.24美元

1955年3月

買進72美元（$7,242.20）

賣出74美元（$7,353.39）

獲利　111.19美元

總獲利1,238.12美元

　　我經由這一系列交易，共獲利1,238.12美元。接著，先前的虧損模式再度上演。一九五五年四月，我換股操作，改買馬那堤糖業（Manati Sugar）。我在8.375美元買進一千股，一共支付了8,508.8美元。接著，它的股價馬上就開始下跌，於是，我在7.75、7.625和7.5美元等價位賣掉所有股票，最後一共收回7,465.7美元，這讓我虧損了1,043.1美元。結果，雷恩尼爾和馬那堤兩組交易的操作淨利剩下195.02美元。

　　然而，如果我抱牢原本在十一月買進的雷恩尼爾股票，不要動不動就獲利出場，等到四月時才以80美元賣出，我

的獲利將會是 2,612.48 美元，而非 195.02 美元。

　　這一切代表什麼意義？我當時完全不能領會，不過，這是反駁「獲利了結就不會破產」這句話的最佳例證。這樣當然會破產！

　　當時另一個非常吸引我的股票諺語是「便宜時買進，昂貴時賣出」。這句話聽起來更讚。不過，到哪裏能買到便宜的股票？在努力尋覓物超所值的買進機會時，我發現了櫃檯交易市場，也就是未上市證券的市場。我從書上得知，若一個企業想讓它的股票到股票交易所掛牌與交易，就必須奉行非常嚴謹的財務規定。我也從書裏面得知，櫃檯交易市場的股票不需遵守這些規定。

　　所以，我似乎能在這個市場找到物超所值的標的。我天真地認定由於這些股票沒有掛牌，所有很少人認識它們，所以，我一定能用非常划算的價格買到這些股票。我連忙訂閱了一份名為《櫃檯證券評論》的月刊，並開始尋找獵物。

　　我急切地在成千上萬個名字裏搜尋看起來可能物超所值的標的。我買進像是太平洋氣動公司（Pacific Airmotive）、柯林斯無線電（Collins Radio）、海灣硫磺（Gulf Sulphur）、杜門直升機（Doman Helicopter）、肯納金屬（Kennametal）、德克石油（Tekoil）和一些更沒沒無聞的股票。那時我根本

就不知道，等到我要賣股票的那一天，其中某些股票就會像
瀝青一樣，怎麼甩都甩不掉。我發現想擺脫這些股票可說是
難上加難，而且我幾乎無法用我當初介入的價格賣掉它們。
為什麼？因為這種股票沒有掛牌股票那麼嚴謹的價格紀律；
這個市場沒有特許交易商（他們是維持市場繼續運作功能與
市場秩序的專家）；這種股票沒有一個可讓人了解一筆交易
是以什麼價格成交的報告系統，只有「買進」與「賣出」兩
個報價，而我更發現這些買進與賣出報價的價差通常都很
大。當我希望以42美元賣出（這就是所謂的「賣出」報
價），卻只有一個願意以38元買進的買方，他的價格就是
「買進」報價。有時候，我最終還是能用40美元成交，但並
非絕對有那樣的機會。

　　當初我誤入櫃檯市場的險惡叢林時，根本完全不知道有
這些問題存在。幸好，我很快就體認到這是一個非常專業的
領域，只有專家或「真的」知道某個公司的某些訊息的人，
才有資格在這裏打滾。我決定放棄，把注意力轉回上市的股
票上。

　　那麼久以來，我從未質疑過任何一個華爾街謠言的真實
性，我完全不知道這些謠言和加拿大與其他市場的謠言一樣
沒有事實根據，一樣危險。

　　如果我認定一項資訊是有憑有據的，而它正好又是來自華爾街，那種資訊最能打動我的心。以下是兩個典型的例子，我很快就接受這些資訊的真實性，並根據它採取行動。

　　有一天，一個大謠言在市場上散播——鐵路設備製造商鮑德溫利馬漢彌爾敦公司（Baldwin-Lima-Hamilton）接到一筆建造原子火車的訂單。華爾街隨即對此有所反應，它的股價從12美元跳升到20美元以上。

　　當我聽到這個驚人的資訊時，股價已經上漲到最高點（事後才知道它是高點）。我以24.5美元買進了二百股，買進總價為4,954.5美元。我持有股票兩個星期，並難以置信地看著它緩慢下跌到19.25美元。到那時，連我都察覺到可能出了什麼問題，我在虧損1,160.38美元的情況下賣掉它。儘管當時我非常困惑，但其實也已作了最好的處置，如果我當時沒有那麼做，這一檔股票可能會害我虧更多，因為它後來跌到12.25美元的低點。

　　另外還有一次，我的營業員打電話給我，他說：「史達林精密公司（Sterling Precision）將在年底前漲到40美元。」當時，它的股價只有8美元。他告訴我原因：「該公司正在買進很多小型的成長企業，它即將擴展成一個巨型企業。」他還補充說，這是第一手的資訊。

　　對我來說，那句補充的話就已足夠。為什麼不買？我向來認為華爾街營業員不可能搞錯，而他是為了討好我，才會提供這個可靠的消息給我。我以最快的速度下買單。由於我認定這次的資訊來源非常可靠，所以決定要賭一次大的。於是，我用7.875美元買進一千股的史達林精密公司，我付了8,023.1美元。接著，我快樂地靜觀其變，期待它狂飆到40美元。不過，它非但沒有狂飆到40美元，反而開始打擺子，接著便緩慢地下跌。當它看起來好像要跌破7美元時，我也覺得顯然有一點不對勁，所以，我用7.125美元賣掉股票，收回6,967.45美元。這個消息讓我在短短幾天內虧掉了1,055.65美元。後來，這一檔股票繼續下跌，一度觸及4.125美元的價位。

　　不過，這些虧損完全沒有消磨掉我認為自己已成為華爾街一員的那種自豪，我也繼續尋找其他新的方法。有一天，在看《華爾街日報》時，我看見一個報導上市公司主管與董事的股票交易活動的專欄。進一步細看後，我發現證券交易委員會為了防止操縱股價的情事發生，要求企業主管與董事在買賣自家公司股票時必須提報。這當中一定有學問！這可以讓我了解真正的「內部人」在做些什麼。我只要跟隨他們的腳步即可。如果他們在買進，我就要買進，如果他們賣

出，我也會賣出。

我嘗試了這個方法，不過並不管用。等到我得知內部人的交易情形時，時機通常都已太晚。此外，我常發現內部人也是人，他們和其他投資人一樣，經常太晚買進或太快賣出。我有了另一個發現：他們也許對自家公司瞭若指掌，卻不了解市場的想法，但偏偏他們得透過市場買賣股票。

然而，透過這些林林總總的經驗，我隱約開始歸納出某種結論。就像小嬰兒反覆聽到相同的字眼，就會懂得字眼本身的意思一樣，我也慢慢開始透過我的交易經驗，揣摩出一些可供我應用的法則綱要，包括：

1. 我不應該追隨顧問服務公司的指示。他們並非永遠不會有錯，不管是在加拿大或華爾街均是如此。

2. 我應該謹慎處理營業員的建議。他們有可能是錯的。

3. 我不該理會華爾街的諺語，不管這些諺語的歷史有多悠久或多受推崇。

4. 我不應該買賣「櫃檯市場」的股票，只能買賣上市股票，那裏隨時都會有買家可以承接我的股票。

5. 我不應該聽信謠言，不管謠言本身看起來有多麼可靠。

6. 側重基本面的方法對我比較有幫助，我應該研究這個
　　方法，而不要用賭博的方法。

　我為自己寫下這些規則，並決定根據這些規則行事。我
仔細檢閱我的券商報表，這時，我發現其中某一筆交易可以
歸納成第七條規則，而且接下來發生的事件馬上就讓我得以
應用這條規則──我發現我持有一檔股票，但卻完全不知道
它的存在。

　這一檔股票是維吉尼亞鐵路公司（Virginian Railway），
我在一九五四年八月以29.75美元買進一百股，總價是
3,004.88美元。但買進這檔股票後，我就把它忘得一乾二
淨，因為我一直忙著打電話和進進出出十幾檔股票──儘管
有時這些交易只讓我賺個區區75美分；另外，我有時候會
狂打電話要求（營業員）趕緊賣出一檔正在下跌的股票，試
圖搶在股價進一步下跌以前出場。

　而維吉尼亞鐵路公司從未讓我感到一絲絲焦慮，所以我
也就把它擱著。它就像一個坐在角落靜靜玩耍的乖小孩，當
我在為十幾個壞小孩的行為擔憂與焦躁的同時，它卻讓我很
放心。現在，持有它十一個月後，我終於發現了它的存在，
我幾乎認不出它了。它一直那麼安靜，所以我完全把它拋到

九霄雲外。我急忙搜尋我的股票表格，赫然發現它的股價已經達到43.5美元。這一檔被遺忘、平靜且穩定發放股利的股票已緩步上漲一段時日。於是我賣掉它，收回了4,308.56美元。我沒有花費一絲一毫的精力，甚至完全沒有為它傷過腦筋，但它卻為我賺了1,303.68美元，而這讓我隱約領悟了一個後來成為第七條規則的道理：

7. 如果一檔股票正在上漲，我應該持有長一點的時間，不要在短短的時間內一次忙著應付十幾檔股票。

不過，哪一檔股票將會上漲？我要如何靠一己之力找到這檔股票？

我決定研究一下維吉尼亞鐵路公司。當其他股票上下擺盪的同時，是什麼原因促使它穩定向上攀升？我向我的營業員尋求資訊。他告訴我，這個公司的股利很優渥，而且盈餘紀錄良好。它的財務狀況極好。現在，我終於了解它穩定上漲的原因了。這是基本面使然，而這也讓我更加相信我的基本面方法是正確的。

於是，我下定決心要設法把這個方法變得更加完善，我閱讀、研究，還做一些分析，同時開始尋找理想的股票。

我認為如果我認真研究企業的財報，就能找出和一檔股

票有關的全部資訊，同時能判斷它是否為理想投資標的。於是，我開始學習所有和資產負債表與損益表有關的知識。諸如「資產」、「負債」、「股本」與「沖銷」等字眼，逐漸成為我的口頭禪。

　　我被這些問題困擾了幾個月。白天操作時間結束後，我每天晚上都會花上幾個小時鑽研數百家企業的報表。我比較它們的資產、負債、獲利率和本益比。

　　我翻閱過以下各種類別的股票清單：

獲得最高品質評等的股票

專家喜愛的股票

股價低於淨值的股票

擁有高現金部位的股票

從未調降股利發放金額的股票

　　不過，我還是一再遇到相同的問題。有些股票的帳面資訊看起來非常完美，資產負債表看起來很不錯，未來展望看似一片光明，但它在股票市場的脈動，卻永遠和這些表面資訊搭不上線。

　　舉個例子，我謹慎比較過幾十檔紡織公司的財務狀況，仔細加以研究後，我根據資產負債表，判斷美國黏膠公司

（American Viscose）和史帝文斯公司（Stevens）是最佳選擇，但是，這兩檔股票的價格並沒有任何表現，而在此同時，一檔名為戴斯壯（Textron）的股票卻在上漲，這讓我百思不得其解。而且，我發現其他產業族群也反覆出現這種模式。

　　我感到困惑，而且還有一點點挫折感，甚至開始納悶，說不定直接採納某個權威機構對各家企業的評價，可能還比較明智一些。於是，我問我的營業員是否有這樣一個權威機構存在。他推薦了一個廣泛受到使用、嚴肅且非常可靠的服務機構，它每個月會提供有關幾千檔股票的重要資料，包括它們的業務性質、至少二十年的價格區間、股利發放金額、財務結構與年度每股盈餘。它也根據每一檔股票的安全程度與價值，為所有股票進行評價。它的內容簡直令我為之神迷。

　　一般認定股利發放金額相對較為確定（不會大幅變動）的股票應獲得高評等：

　　　　　　AAA —— 最安全

　　　　　　AA —— 安全

　　　　　　A —— 健全

通常會發放股利且具投資價值的股票：

　　BBB —— 族群中最佳

　　BB —— 良好

　　B —— 尚可

評等較低的股票有發放股利，但未來不確定是否會發放：

　　CCC —— 族群中最佳

　　CC —— 股利展望尚可

　　C —— 股利展望不牢靠

評等最低的股票：

　　DDD —— 預期未來不會發放股利

　　DD —— 僅看得出一點價值

　　D —— 不具明顯價值

我非常謹慎地研究所有企業的評等，看起來非常簡單。我再也不需要分析資產負債表和損益表了。這份服務為我解決一切難題，我只需要做比較的工作就好：A比B好，B比C好，C比D好。

我深受吸引，對這個新方法非常滿意。對我來說，它具備一種科學的吸引力。我不再是麻煩大謠言的玩物，而且已

成為冷靜、超然的金融家。

　　我非常確信我現在的所作所為，是在為自己的財富奠定一個穩固的基礎。現在的我感到勝任愉快，而且信心滿滿。我不再聽任何人的話，不再向任何人尋求建議。以前那種一切操之在我的感覺又回來了，日子也變得像加拿大賭博時期那般無憂無慮。我覺得現在只要設定好自己的比較表格，就可以馬到成功。當然，我也花了很多時間，認真且嚴肅地去進行這項任務。

第3章

我的第一次危機

透過大量的閱讀，我了解到股票其實就像羊群，股票根據其所屬產業而形成一些不同的族群，而屬於相同產業的股票傾向於在市場上同步波動，不管上漲或下跌皆是如此。

於是，我合理認定我應該試著透過基本面分析尋找：

a. 表現最強勁的產業族群

b. 那個產業族群裏表現最強勁的股票

接下來，我應該買進這一家公司的股票，同時抱牢它，因為那種完美的股票一定會上漲。

我開始研究一檔股票相對其所屬產業族群的「個性」。當我看到通用汽車的報價，我就會自動檢視克萊斯勒、斯帝貝克（Studebaker）與美國汽車公司（American Motors）的股價。如果我在觀察凱瑟鋁業，我的眼睛也會自動接著瞄向

雷諾金屬（Reynolds Metals）、美國鋁業（Alcoa）和鋁業有限公司（Aluminium Ltd.）。我不再順著字母順序來檢視股票表格，而改以追蹤產業族群的方式來觀察股票。

每當股票的表現開始優於大盤，我就會立即看看和它同屬一個產業族群的「兄弟股」的行為。如果我發現它的「兄弟們」也表現優異，就會尋找產業族群的龍頭——表現最好的強勢股。我認為如果無法透過強勢股賺到錢，當然更不可能藉由其他股票賺錢。

我覺得做這些事非常愉快，也讓我覺得自己很重要。這個嚴肅又講求科學的方法，讓我感覺自己即將成為一個真正的理財專家。此外，我覺得這個方法也絕不僅是純理論，我將把這一切用到實務操作，用它來賺很多錢。

一開始，我先收集整個產業族群如石油、汽車、飛機與鋼鐵等的盈餘數字，比較它們過去與目前的盈餘有何變化；接下來，將這些數字拿來和其他產業族群的盈餘進行比較。我謹慎評估它們的獲利率、本益比和資本結構。

最後，在篩選與濃縮大量資訊後，我認定鋼鐵產業將會是那個讓我致富的工具。

決定後，我開始鉅細靡遺地詳細檢視產業情況。我再度埋頭鑽研那一份評等服務。

　　我決心要兼顧操作安全性，所以，我認為應該買進「A」評等範圍內且有發放高額股利的股票。不過，我卻意外發現一件事。在進行這些程序的過程中，我發現「A」評等的股票猶如鳳毛麟角，少得可以，而且幾乎都是優先股。優先股的股價相對穩定，當然也鮮少大幅上漲。顯然，這些股票並不適合我。

　　所以我決定看看「B」範圍內的股票，這裏的股票看起來還可以，而且為數眾多。我選擇了其中最知名的五檔，並開始就這些股票進行比較。我是用最完整的方式進行比較。我的比較表設定如下：

公司	評等	1955年6月底股價	本益比	每股盈餘			1955年估計值	
				1952	1953	1954	盈餘	股利
伯利恆鋼鐵	BB	142.38	7.9	8.80	13.30	13.18	18.00	7.25
內陸鋼鐵	BB	79.38	8.3	4.85	6.90	7.92	9.50	4.25
美國鋼鐵	BB	54.38	8.4	2.27	3.78	3.23	6.50	2.15
瓊斯勞夫林鋼鐵	B	41.5	5.4	2.91	4.77	3.80	7.75	2.25
共和鋼鐵	B	47.25	8.5	3.61	4.63	3.55	5.50	2.50

　　看著我一手製作的表格，我的心情開始激動。我的表格就像是尺規上的標線，清楚指向一檔股票——瓊斯勞夫林鋼鐵（Jones & Laughlin Steel）。我無法想像為何以前沒有人注

意到它。它的一切都那麼的完美。

　　它屬於一個強勢的產業族群。

　　它擁有強勁的B評等。

　　它的股利率幾乎達到6%。

　　它的本益比水準優於同族群的所有股票。

　　這時，一股無比樂觀的情緒湧向我。無疑的，它就是那把金鑰。我覺得我要的財富就像熟透了的蘋果一樣唾手可得。這就是那種會讓我變有錢的股票。這具備最高等級的科學確定性，是更新且更大的布理蘭，它隨時都可能上漲個20到30美元。

　　我只面臨一個大隱憂，那就是：我必須趕在任何人發現它以前，快速買進大量該公司股票。我對自己的判斷十分有把握，因為這些都是以個人的詳細研究為基礎，所以，我決定透過每一個可能的資金來源，努力籌錢投入這檔股票。

　　我在拉斯維加斯有一些房地產，那是多年來靠著擔任舞者所攢下的錢買的。我將這些房地產拿去抵押貸款。另外，我有投保壽險，所以，我用保單去借款。還有，我和紐約的拉丁區夜總會簽了一份長期合約，並要求他們預付酬勞給我。

　　我一分一秒都沒有猶豫，心中完全沒有一絲一毫的懷疑。根據我最科學與謹慎的研究，這次絕對錯不了。

　　一九五五年九月二十三日，我以52.25美元融資買進一千股的瓊斯勞夫林股票，當時融資成數是70%。總成本是52,652.3美元，而我必須存入36,856.61美元的現金當作保證金。為了籌這些資金，我已經把所有的家當全都拿去抵押了。

　　我信心滿滿地進行著。現在，所有事都已完成，剩下的就是坐下來，靜待這個笨人也懂的簡單理論為我創造利益。

　　但九月二十六日那天，瓊斯勞夫林的股票卻以迅雷不及掩耳的速度開始下跌。

　　我完全無法相信，怎麼可能？這是新布理蘭耶！它可是即將為我創造大量財富的股票呢！這不是賭博，而是完全超然、不帶感情，根據不可能有謬誤的統計數據而進行的操作！但它依舊繼續下跌。

　　我看著它下跌，拒絕面對現實。我整個人麻痺，根本不知道下一步該怎麼辦。我應該賣掉股票嗎？怎麼可以？根據我的估計，根據我透徹的研究，瓊斯勞夫林至少價值每股75美元。我告訴自己，它只是暫時受挫而已。股價跌得沒有道理。它是一檔很好、很穩健的股票，股價一定會回升，我必

須續抱。於是,我的確牢牢抱著股票。

　　日子一天天過去,我變得害怕看報價。打電話給營業員時會發抖,每次翻開報紙,都心懷恐懼。

　　每當股價下跌3美元後回升個0.5美元,我的希望就跟著它升高。我告訴自己,這是反彈的開始。我的恐懼因此而暫時獲得紓緩。不過,隔天股價卻還是繼續下跌。到十月十日那一天,股價跌到44美元,盲目的恐慌突然向我席捲而來。它還要跌多少?我該怎麼辦?我的麻痺轉為恐慌。股價每跌一美元,就代表我多損失一千美元。這已經超過了我的忍耐限度。於是,我決定賣掉股票,入帳金額是43,583.12美元,我的淨虧損為9,069.18美元。

　　我被壓垮、被終結、被摧毀。我原本自鳴得意,還自詡是講究科學的華爾街操作者,但到此刻,這樣的想法已經完全崩潰。我覺得那就好像有一隻大熊搖搖晃晃地走向我,但當我正準備射殺牠時,卻被牠抓傷。科學在哪裏?研究有什麼用?我的統計數據發生了什麼事?

　　任何人都難以體會這次打擊對我所造成的影響,那簡直是毀滅性的衝擊。如果我純粹是個不知天高地厚的賭徒,得到這樣的結果當然不值得同情,但我已盡全力不當賭徒。我投入很多時間努力工作,我也盡可能避免犯錯。我不斷研

究、分析與比較。我是根據最可靠的基本面資訊來制訂決策的。但是，我得到的唯一結果卻是：承擔九千美元的虧損！

當我意識到我可能已經失去拉斯維加斯的房地產時，黑暗的絕望占據了我的心靈。破產的可怕局面已迫在眉睫。一個友善的多頭市場和布理蘭公司賦予我的第一次速成經驗讓我自信滿滿，但此刻，這股信心已蕩然無存。事實證明一切都不對勁。為了在股票市場上取勝，我試過賭博、小道消息、資訊、研究、調查等很多種方法，但這些方法全都不管用。我不知道該怎麼做，我覺得我無法繼續走下去。

但是，我還是必須走下去，我必須拯救我的房地產。我一定要找到一個方法收復我的虧損。

於是，我每天花好幾個小時研究股票表格，發狂般地尋找解決方案。我像被關在牢房裏的死刑犯，謹慎觀察所有表現活潑的股票，希望從中找到能讓我脫困的股票。

最後，我的眼睛被某個東西吸引住。那是一檔我完全沒有聽過的股票，它的名稱是德州海灣製造公司（Texas Gulf Producing）。它看起來好像即將上漲。我對它的基本面情況一無所知，也從未聽過和它有關的謠言。我只知道它正一天天穩定地向上攀升。它會是我的救星嗎？我不知道。不過，我必須嘗試。死馬當活馬醫，為了收復失土，我只能孤注一

擲。我下了一筆買單，買進一千股的該公司股票，買進價位
介於37.125到37.5美元之間。總成本為37,586.26美元。

我屏氣凝神，焦慮地看著它繼續上漲。當它達到40美
元，我有一股極為強烈的慾望想賣掉它。不過，我選擇不
動。在整個股票市場生涯中，我首度拒絕快速獲利了結的做
法——我不敢，因為我有九千美元的虧損要彌補。

我每個小時都打電話給我的營業員，有時候甚至每隔十
五分鐘就打一通。我簡直是和我的股票生活在一起，無時無
刻都追蹤著它的動向與每一個波動。我看著它的方式，就像
是焦慮的父母親在看顧他們的初生嬰兒一般。

我持有它五個星期，無時無刻都緊張地看著它。

接下來有一天，它上漲到43.25美元，此時我決定不要
繼續濫用我的好運，我收回42,840.43美元。雖然沒有完整
收復九千美元的虧損，但至少彌補了一半以上。

賣掉德州海灣製造公司時，我覺得自己好像剛生過一場
漫長且危急的重症，危機才剛過。我感到筋疲力竭，虛脫且
極度衰弱。不過，此刻卻出現了一線光明：我想到一個問
題。

我問自己，檢視企業報告、研究產業展望、評等和本益
比的意義何在？把我從災難中拯救出來的股票，是一檔我完

全一無所知的股票，我選上它的唯一理由是：它看起來好像即將上漲。

　　這是問題的答案嗎？也許是。

　　所以，我因瓊斯勞夫林而承受的不幸經驗自有其重要性。代價沒有白付。至少它讓我開始邁向我自己的理論。

轉而信奉技術面的時期

第4章

箱形理論的發展

　　經歷過瓊斯與勞夫林的駭人過程與德州海灣製造公司的幸運經驗後，我決定沉澱一下，仔細評估我的情況。現在，市場的驚嚇與打擊讓我吃盡苦頭，我終於體會到，不該把股票市場當作一種神祕的機器，我不該以為如果我夠幸運的話，就可以得到類似吃角子老虎累積獎金的那種財富。我體認到，儘管人生的每個領域多少都牽扯到一點運氣，但我不能光憑運氣操作股票。我也許會幸運一、兩次，但不可能永遠都幸運。

　　不，我不想要這種方式。我必須仰賴知識。我必須學習如何在市場上操作。不了解規則的人能在橋牌比賽中獲勝嗎？在下棋時，如果不知道要如何回應對手的上一步棋，要如何取勝？相同的，如果不學習如何交易，我怎能期待自己在市場上獲勝？我是為了錢而投入，而在市場上，這場遊戲

的對手是最敏銳的專家。如果不好好學習遊戲的根本原則，我怎能期待自己贏過這些人？

於是，我展開下一步的旅程。首先，我檢視過去的經驗。從一方面來看，使用基本面分析法是錯誤的，從另一方面來看，使用技術面分析法是正確的。顯然，最好的方法就是再次嘗試我成功操作德州海灣製造公司股票時所使用的方法。

這並不簡單。我每天晚上都花好幾個小時研究股票表格，試圖從中找出和它類似的股票。後來有一天，我注意到一檔名為M&M木作公司（M & M Wood Working）的股票。我看遍所有財務資訊服務，卻還是無法取得太多有關它的資訊，我的營業員甚至沒聽過這檔股票。不過，我依舊頑固地對它深感興趣，因為它每天的市場行為讓我想起德州海灣製造公司。於是，我開始密切觀察它的動向。

一九五五年十二月，股價從15美元上漲到年底的23.625美元。停滯了五個星期後，它的成交量增加，而且又回復漲勢。我決定在26.625美元買進五百股。它繼續上漲，而我也決定續抱，同時專注地盯著它的走勢。它持續上漲，成交量則一直維持在高檔。當股價到達33美元時，我賣掉股票，收回2,866.62美元的利潤。

　　我覺得既開心又興奮，不光是因為賺了錢，更因為我用了當初買進德州海灣製造公司的方式——完全根據股票在市場上的行為——買進 M&M 木作公司的股票。我對它一無所知，也無法找到很多有關它的資訊。不過，我從它持續上漲與成交量大增等情況假設，一定有人比我知道更多（有利的訊息）。

　　事後證明這個做法是正確的。在我賣掉股票後，我從報紙上得知股價穩定上漲的原因是：它正祕密協商一個合併計畫。最後，消息終於曝光，另一個公司計畫以每股 35 美元收購 M&M 木作公司，而這個提議也被該公司接受了。這也意味著儘管我完全不知道這項祕密進行中的交易，但我的賣出價格卻只比高點低 2 元。純粹根據股票行為而制訂的買進決策，讓我在完全不了解這個合併計畫內情的情況下賺了錢，參透這個事實後，我簡直就為之神魂顛倒，因為我並非內部人，卻一樣能獲得內部人的利益。

　　這個經驗強烈說服我相信，以純技術派方法在市場上「打滾」是對的。這意味如果我只研究價格行為和成交量，不要理會其他各種因素，就可以獲得正面的結果。

　　現在，我開始試圖從這個觀點開始出發。我集中精神，密切研究價格與成交量，並試著不去理會所有謠言、小道消

息或基本面資訊。我決定不要去煩惱究竟是什麼原因促使一
檔股票上漲。我認為如果一家公司的基本面情況出現正面的
變化，股價與成交量很快就會反映這些變化而上升，因為很
多人會迫不及待想買進它的股票。如果我能好好訓練自己，
搶在初升段掌握到這些向上發展的變化——就像M&M木作
的案例那樣——我一樣可以在不了解上漲原因的情況下，參
與股票的漲勢。

問題是：如何偵察這項變化？經過深思，我找到一個條
件，那就是把股票和人做個對照。

我的想法是這樣：如果一個引起騷動的美女跳到桌子上
表演狂野的豔舞，沒有人會感到特別的驚訝。因為人們自然
而然傾向於預期她會有這樣的特質行為。不過，如果一個尊
貴有地位的女士突然做相同的事，那就很不尋常，人們通常
馬上會說：「這有點奇怪，一定發生了什麼事。」

相同的，我判定如果一檔向來不活躍的股票突然間變得
很活躍，那一定不尋常，而且如果它的股價上漲，我就會買
進它的股票。我的假設是：在這不尋常的走勢背後，一定有
一群人早已獲得一些好資訊。而我呢，則是藉由買進股票，
成為他們沉默的合夥人。

我試了這個方法，有時候成功，有時候不成功。我當時

並不了解那是因為我的眼光還不夠成熟，而且每當我開始覺得有信心應用這個理論來操作時，下手的時機又不夠精準，每次進場都是慢半拍。

　　一九五六年五月，我注意到一檔稱為匹茲堡冶金（Pittsburgh Metallurgical）的股票，當時它的報價是67美元。這一檔股票的波動速度很快，說它活力十足也不為過，我個人也認為它將繼續快速上漲。當我見到它的活動逐漸增溫，我以13,483.4美元的總價買進二百股。

　　我對自己極盡謹慎之能事的判斷非常有把握，所以當股票走勢和我所期待的相反，開始轉弱，我立刻認定這只是小回檔。我有十足的把握，股價小跌之後將再度大漲。結果，股價確實有大波動，只不過方向卻錯了。十天後，匹茲堡冶金跌到57.75美元，我賣掉它的虧損是2,023.32美元。

　　顯然有什麼不對勁。以當時的情況而言，所有證據都清楚顯示這一檔股票是市場上最棒的，但就在我買進後，它卻隨即開始下跌。更令人心碎的是，就在我賣掉它後，它又開始上漲。

　　為了試著找出一個解釋，我檢視股票先前的走勢，結果發現我是在它上漲了18美元之後的最高點買進。股價上漲至此已失去繼續推升的力量，所以，幾乎就在我投入資金到

這檔股票的同時，它也開始向下壓回。顯然答案是：我在錯誤的時機買進正確的股票。

回顧整件事，我清楚看透了這個問題，我後來才精確地搞懂為何股票會有那樣的表現，只不過，那已是事後諸葛。重點在於：要如何在一波走勢發生時，做出正確的判斷？

這是一個簡單又直接的問題，不過，就其深度而言，它又非常複雜。我已經知道書幫不上忙，資產負債表也沒用，資訊通常令人懷疑，且錯誤居多。

但我並沒有放棄，更決定要深入研究個股的走勢。股價行為怎麼樣？它們的行為有何特質？它們的波動是否有任何型態可言？

我讀很多書，檢視股票表格，並審視幾百張的技術線圖。在研究這些東西時，我開始學會了我過去所沒有發現到的股價走勢知識。我開始了解股價走勢並不完全是偶發性的。股票不會像氣球那樣到處亂飛，沒有一定方向。相反的，股價就像受到一個磁鐵所吸引，有著非常肯定的上升或下降趨勢，一旦趨勢形成，通常傾向於延續下去。而在這個趨勢裏，股票是在一系列的框架之內波動，這些框架就是我接下來將要提到的「箱形」（box）。

股價會在一個低點和一個高點之間進行非常一致性的擺

動。圍住這個向上與向下走勢的區域，代表「箱形」或框架。我從那時開始就能清楚看見這些箱形的存在。

我的箱形理論就此開展，最後這個理論也幫我賺進了可觀的財富。

我用以下方式應用我的理論：當一檔我有興趣投資的股票的箱形看起來像個金字塔，一個疊著一個，而且我鎖定的股票也處在最高的箱形價格區間裏的時候，我就會開始注意它。它可能會在那個箱形的最高與最低點間游走，這樣我就已十分滿意。一旦我判斷出箱形的涵蓋範圍，股票可以在這個區間內為所欲為。事實上，如果它跑到了這個箱形之外，我反而會擔心。

不游移、不波動的股票不夠活潑。而如果一檔股票不夠活潑，我就不會對它有興趣，因為這意味它可能不會大幅上漲。

以一檔在45元到50元的箱形裏波動的股票為例，不管它的波動頻率多高都無所謂，只要它停留在這些數字之間遊走，我一樣可能考慮介入這檔股票。不過，如果它下跌到44.5元，我就會放棄買進的想法，

為什麼？因為一旦股價低於45元，意味它正跌向較低的箱形，這樣就完全不對勁了。唯有股價持續向較高的箱形

移動，我才會想介入。

　　我發現一檔股票有時候會在同一個箱形裏停留幾個星期。但我不會在乎它停留在箱形裏多久，只要它不跌落到較低區間的價位即可。

　　舉個例子，我觀察到當一檔股票位於45元到50元的箱形時，它的報價可能會出現類似以下的波動：

45 - 47 - 49 - <u>50</u> - <u>45</u> - 47

　　這代表在達到50元後，它可能會回跌到45元，接下來每天都以46元或47元收盤，但這樣我就很滿意了，畢竟它還是在箱形裏。不過，我要找的當然是持續向上推升到下一個箱形的那種走勢。如果一檔股票出現那種走勢，我就會買進。

　　不過，我卻找不出究竟是什麼固定規則會促使這個情況發生。你唯一需要做的就是費心觀察，一有動靜，要立即採取行動。有些波動程度較大且急躁的股票會在幾個小時內移動到另一個箱形，有些則要花上數天的時間。如果股票的行為正確，它就會開始從45元到50元的箱形推升到另一個較高的箱形。接下來，它的走勢就會有點像以下的情況：

48 - 52 - 50 - <u>55</u> - 51 - <u>50</u> - 53 - 52

現在，它已非常清楚地爬升到下一個箱形── 50元到55元的箱形。

不過，別誤解了，這些都只是例子而已。另外，我還必須判斷箱形的範圍介於哪些價位。當然，這就因股票而異了。舉個例子，有些股票的波動範圍很小，不管是上漲或下跌都不會超過10%。另外也有一些波動幅度很大的股票，它們的波動範圍介於15%到20%間。我的任務是要精準界定出區間的範圍，而且要確認股票是否出現果斷跌破箱形下緣的情形。如果跌破，代表它的表現不對勁，我就會立刻出場。

如果股票還停留在它的箱形裏，那麼就算股價從55元跌到50元，我也會將它視為正常的走勢。我不會因此而認為這檔股票將會下跌，事實正好相反。

舞者在向半空中跳躍以前，一定會先蹲伏一下，做好向上跳躍的準備。我發現股票也是一樣。股票通常不會突然間從50元上漲到70元。換句話說，如果一檔處於上升趨勢的股票在抵達50元後回檔到45元，我會把它視為類似舞者蹲伏的行為，這是為了向上跳躍做準備。

後來，經驗更加豐富後，我也了解到股票在抵達50元

後又回到45元的情況，還會產生另一種重要的利益。這種走勢可以甩掉不夠堅定或受驚的持股人，他們誤以為這種回檔是下跌；甩掉這些人後，股票就可以更快速向上拉升。

我也了解到，當一檔股票處於明確的上升趨勢時，通常都可以清楚感受到漲勢的比例。如果它處於一個類似50元到70元間的上升趨勢，偶爾可見的回檔都是屬於正常節奏。

它的走勢有可能類似：

50 - 52 - 57 - 58 - <u>60</u> - 55 - <u>52</u> - 56

這代表它處於一個52元到60元的區間。

接下來，在向上拉升後，它有可能會是這樣的走勢：

58 - 61 - 66 - <u>70</u> - 66 - <u>63</u> - 66

這代表它安穩地處在63元到70元的箱形。我認定出現這種走勢的股票依舊能繼續攀向更高的區域。

不過，此時最主要的問題依舊沒有解決：什麼時候才是正確的介入時機？邏輯上來說，當它進入一個較高的新箱形時，就是介入的時機。這聽起來很簡單，但後來路易斯安納土地與探勘公司（Louisiana Land & Exploration）的例子證明了這一點都不簡單。

　　我觀察這檔股票的行為長達幾個星期，我看著它建構著一個日益走高的金字塔箱形。最後一個箱形的上限是 59.75 元，我覺得我對它的評估是正確的。於是我要求營業員在這檔股票達到 61 元時通知我，因為我認為這是它下一個箱形的入口。他照辦了，但他打電話來時，我不在旅館房間裏。他花了兩個小時才找到我，而當他終於找到我時，股票的報價已經衝上 63 元。我非常失望，覺得自己喪失了一次大好機會。

　　我也很氣因為一些陰錯陽差而錯過了這檔股票站上 61 元的那個機會，而且它在那麼短的時間內就抵達 63 元，更讓我確定自己錯過了一檔非常棒的股票。激動的情緒讓我失去了良好的推理能力，其實我那時應該不計代價去取得這檔股票的。如果我認為一檔股票即將大漲，無論如何都應該介入。

　　後來它還是繼續上漲，63.5 — 64.5 — 65。我的看法正確，我對它的判斷很精準，但我卻錯過了它！我一刻都等不下去了。結果我在 65 元買進一百股，那是一個新箱形的頂端，因為我在底部錯過了它。

　　儘管我已改善我的選股技巧和方法，但以華爾街的標準來說，我的操作技巧依舊像個小嬰兒，所以，我和營業員討論我的問題。我們討論到我不幸錯過的那一通「通知股價已

達61元」的電話。他告訴我，我應該下一個自動的「到價執行」（on stop）買單。這代表我其實可以在股票上漲到61元時買到它。他建議無論何時，只要我針對一檔股票做了決定，就應該下一筆指定數字的買單。接下來，如果市場抵達這個數字，他就可以在不需進一步詢問我的情況下幫我買股票。我同意這個做法。

於是，無法在我認定的正確時機自動買進股票的問題，就這麼解決了。

到這時，我的箱形理論和它的應用模式已根深柢固的深植在我心中，而且我也連續三次，成功地應用了這個理論。

我在阿勒尼鋼鐵（Allegheny Ludlum Steel）看起來好像要邁向45元到50元箱形時買進。我在45.75元買進二百股，並在三個星期後以51元賣出。

我也在服裝工業（Dresser Industries）看起來好像要進入84元到92元的箱形時，買了三百股。我是以84元買進，但後來它好像無法通過這個箱形，所以我在86.5元賣出。

接下來，我在40元到45元的箱形底部，以40.75元買進了三百股的古博貝瑟摩（Cooper-Bessemer）的股票，並在45.125元賣出。

這三筆交易讓我賺了2,442.36美元。

　　這讓我信心大增，不過，接下來，我卻挨了一記耳光，這件事證明我需要的不僅是理論。八月時，我以94.375元買進五百股的北美航空（North American Aviation），因為我確定它即將邁向一個100元以上的箱形。結果，它並沒有，而是幾乎馬上反轉，開始下跌。我早該在它下跌一元時就賣掉股票的，而當它又跌了一元，我更應該出場。但是，我卻決定不這麼做，頑固地死抱著股票。導致我沒有採取行動的原因是我的自尊心。我賭上了這個理論的名聲，不斷說這檔股票不可能繼續下跌。我到後來才了解，市場上沒有什麼不可能的事。任何股票都可能出現任何情況。在下一個星期結束時，前三筆操作的獲利已付諸東流，我又回到了起點。

　　我認為，這個經驗是我的股票操作生涯的一個重要轉捩點。

　　一直到那時，我才終於了解：

1. 市場上沒有確定的事 —— 我必定有一半的時間是錯誤的。

2. 我必須接受這個事實，重新根據這個事實調整我的行為 —— 我必須壓抑我的自傲與自尊心。

3. 我必須成為一個沒有偏見的診斷者，不能和任何理論

或股票談戀愛。

4. 我不能心存僥倖。首先，我必須利用所有已知的方
法，盡可能降低我的風險。

朝這個方向前進後，我採取的第一個步驟是我所謂的
「快速停損」武器。我已經知道我有一半的時間會是錯的，
那何不務實地接受錯誤，在虧損還小時立刻賣出？如果我以
25元買進一檔股票，為什麼不同時下一筆賣單，指定若股價
回跌到24元以下就即刻賣出？

我決定下「到價」買單，在特定價格買進，同時針對這
些股票下一筆自動「停損」賣單，一旦股票下跌，就自動執
行賣出。我認為這樣一來，我就不會再因虧損而麻痺。如果
任何一檔股票跌破我心中所設的合理價格，那麼，在那一天
上床睡覺以前，我一定會擺脫掉這些股票。我知道我一定會
經常碰到股價下跌一塊錢而被迫「停損出場」，但股價卻又
立即回升的情況。不過，我也體認到，相較於等到虧損擴大
後才執行停損，這些小虧損根本就微不足道。此外，我隨時
都能買回這些股票，只不過買回價格高一點而已。

接下來，我採取了第二個同等重要的步驟。

我知道「只有一半的時間是正確的」無法讓我功成名

就。我開始了解到，就算我努力達到損益兩平，遲早還是會破產。如果我投資大約一萬元，選擇操作一些中價位股票，那麼，當我買進股票時，每一筆操作的佣金成本大約是125元，賣出時也要支付另外的125元。

假定我有一半的時間是對的，以每筆完整交易250元的代價來算，就算完全不產生虧損，我只要交易四十次，全部的資本就會化為烏有，這筆資本將完全被佣金消耗殆盡。就這樣，「佣金老鼠」透過每一次操作逐漸侵蝕我的基礎，最後吃光我所有資金。

20元買進500股

　　支付（含佣金）　　　　　　　　　　　　　$10,125.00

20元賣出500股

　　收回（減佣金）　　　　　　　　　　　　$ 9,875.00

　　　　　　　　　　　　　　虧損 ……$　　250.00

　　　40筆交易 × 每筆250元＝1萬元

要解決這個危機，只有一個方法：我的利潤必須超過虧損。

過去的經驗讓我了解到，我最棘手的問題就是如何約束自己不要太快賣掉一檔正在上漲的股票。因為膽怯的緣故，

我總是太快賣掉股票。每次我在25元買進一檔股票,當它上漲到30元,我就開始擔心它會回檔,所以就賣掉股票。我明明知道怎麼做才是對的,但卻總是反其道而行。

因此我決定,因為我無法訓練自己做到不要每次都那麼膽怯,所以,最好是採用另一個方法。這個方法必須能讓我抱牢上漲中的股票,同時還會要求我順著股票的漲勢,持續提高停損單。我會把停損點設在距離市價一段適當距離的位置,這樣才不會因為股價不巧在無意義波動的過程中觸及停損點而被迫出場。然而,如果股票真的反轉並開始下跌,我會立即賣出所有股票。這樣一來,市場就永遠無法奪走我的多數利潤了。

但是,要如何判斷什麼時候應該獲利了結?

我了解我一定無法賣在最高點。騙子才會到處宣稱自己總能在最高點出場。如果我在上漲的過程中賣出股票,那根本是全憑猜測,非關判斷得來,因為我不可能知道一波漲勢將延續多久。這跟猜測「窈窕淑女」一劇在演出兩百場後一定會結束巡迴演出一樣愚蠢。你也可以猜它會演出三百或四百場以後才落幕。為何它沒有在演出了兩百、三百或四百場後結束演出?因為如果製片看到每天晚上的劇院都座無虛席,那麼,傻瓜才會選擇結束表演。唯有當他發現開始出現

空位時，才會考慮結束演出。

　　我拿百老匯的情況來和股市做比較，從中揣摩「賣出股票」的各種問題。如果股票還繼續在上漲，賣出股票的就是傻瓜。那麼，應該在何時賣出？答案是：導致箱形反轉的原因與箱形開始反轉的時候！當金字塔開始向下崩塌，就是結束演出並賣出股票的時機。我的移動停損——隨著股價上漲而向上調整停損的做法——應該可以自動處理好這項問題。

　　在做好這些決定後，我靜下心來，重新設定我在股票市場的目標：

1. 正確的股票
2. 正確的時機
3. 小虧損
4. 大獲利

我也檢視我的武器：

1. 成交價與成交量
2. 箱形理論
3. 自動買單
4. 停損賣單

　　至於基本策略，我決定一直採取以下做法：我只會沿著上升趨勢操作，並隨時依據價格調整停損，以達保險的目的。當趨勢延續時，我會買進更多股票，而當趨勢反轉，我就會跑得像小偷一樣快。

　　我了解市場上一定會有很多障礙需要克服，而且在操作的過程中，一定會牽涉到很多的猜測。我估計我會有一半的時間會是正確的，這可能有點樂觀。不過，至少我從未能像現在這樣，清清楚楚看見自己的問題。我知道我必須以冷靜、不帶情緒的態度來對待股票。所以，我絕對不能在股票上漲時和它們談戀愛，股票下跌時也不能動怒。世界上沒有所謂好股票或爛股票，只有正在上漲或下跌的股票，而我應該持有上漲的股票，賣掉下跌的股票。

　　我知道要做到這一點，就必須完成一件比過去所有任務都更艱辛的任務。我必須能夠完全控制住我的恐懼、希望和貪婪等情緒。我當然知道這將需要非常嚴謹的自我規範，不過，我卻覺得自己像一個明知房間裏有燈可點，卻還在摸索開關的人。

第5章

越洋電報繞著地球跑

　　幾乎就在我開始在心裏應用這些新原則進行操作之際，我簽了一份長達兩年的世界巡迴舞蹈表演合約。我馬上就得面對許多問題。舉個例子，當我位於世界的另一端時，要如何繼續這些操作？還有，我的腦海不斷浮現當初營業員打電話來，卻找不到我的畫面。如果我人在紐約都會發生這種事，那麼身在數千英里之外的我，又要如何克服這樣的困難？我和他討論這個問題，結果我們決定彼此用越洋電報來保持聯繫。

　　我們也決定採用一項工具——《霸榮》（*Barron's*）雜誌，那是一份金融週刊，我們設法安排在雜誌出版後盡快以航空郵件寄給我。我能利用這份刊物觀察到所有可能向上攀升的股票。在此同時，他每天都會發一份電報，讓我知道我所有持股的報價。即便我是在偏遠如喀什米爾和尼泊爾等地

巡迴演出，都能準時收到每天的電報，越洋電報中包含我的持股的華爾街收盤價。

　　為了節省時間與金錢，我和我在紐約的營業員設定了一套特殊的密碼。我的越洋電報上只會寫著代表各檔股票的成串英文字母，每個字母後面則是一系列看似沒有意義的數字。內容看起來有點像是這樣：

　　「B 32.5 L 57 U 89.5 A 120.25 F 132.25」

　　不過，短短幾天，我就發現我無法藉由這些報價正確追蹤持股的走勢。如果不知道股票走勢的高點與低點，我就無法建構我的箱形。於是，我打電話到紐約，要求營業員在每個收盤價後面，補上股票每天價格波動的完整詳細內容，包括股票在當天的最高價與最低價。現在，我的電報內容開始變得有點像這樣：

　　「B 32.5 (34.5-32.375) L 57 (58.625-57) U 89.5 (91.5-89)
A 120.25 (121.5-120.25) F 132.25 (134.875-132.25)」

　　因為擔心太多數字可能會導致越洋電報變得過於擁擠，所以我並未要求他提供成交量數字。反正我選擇的都是成交量很高的股票，所以我想如果成交量萎縮，一樣能在幾天後

的《霸榮》雜誌上注意到這個情形。

　　由於我的營業員和我都知道上面列的是哪些股票的報價，所以，我們只採用每一檔持股的名稱的第一個英文字母來表示。不過，因為這並非一般通行全球的股票市場縮寫名稱，所以，這些接連不斷送到的神祕「字母－數字」越洋電報，幾乎把世界各地的郵局員工全都惹毛了，也讓他們倍感困擾。每到一個地點，想要拿到第一封越洋電報，我都必須向他們詳細解釋電報上的內容，他們才會把它交給我。

　　顯然他們認為我一定是個間諜。我總是必須和這種猜疑對抗，這個情況在遠東地區尤其嚴重，在日本算是最糟糕的。那邊的電報單位人員比任何地方的人都多疑，因為日本的文官看起來似乎尚未完全忘情於他們在戰前時期對間諜的那種狂熱。每到一個新城市如京都、名古屋或大阪，越洋電報單位人員就會以一種最嚴肅的懷疑眼神看著我。

　　每次我都必須解釋半天。因為我不會說日語，所以，總是弄得非常複雜。但奇怪的是，只要我簽署一份說明越洋電報內容的文件後，他們就會很滿意。內容不見得要是事實，不過，他們好像連想都沒想過那可能是假的。不過，如果沒有取得這份由我簽名具結的文件，他們就會拒絕把越洋電報交給我。

　　我花很多時間試圖改變他們的想法。我在日本待了六個月，最後成為該國多數大城市越洋電報單位的知名人物。他們甚至開始願意在不要求特殊簽名的情況下，同意為我傳越洋電報。日本各地流傳著和我有關的耳語——他們認為我是個瘋子，不過，這無傷大雅，我這個歐洲人還是繼續傳送與接收寫著許多無意義金融資訊的電報。

　　在世界巡迴演出期間，我到過香港、伊斯坦堡、仰光、馬尼拉、新加坡、斯德哥爾摩、台灣、加爾各答、日本和很多其他地方。自然而然的，我想要傳送與接收越洋電報時，經常會遇到很多其他困難。

　　有一個主要的問題是，在旅程途中為了避免錯過越洋電報，我必須非常小心。所以，當我啟程時，對方會發兩份或甚至三份電報。也因如此，從華爾街發出的同一份越洋電報的收件地會寫上香港機場泛美二號班機，同時，也將它重複發送到東京機場，再重複發到東京的日活飯店。有了這個安排，就算我因為在飛行途中而錯過了電報，也可以在落地後馬上收到它。

　　舉個例子，在寮國永珍時，為了操作華爾街股票，我遭遇到非常嚴重的問題。首先，當地完全沒有電話系統。當地唯一的電話是美國軍隊作戰任務單位與美國大使館之間的電

話，當然，這不能供我使用。

所以，如果我要傳送或收集任何訊息，我必須搭黃包車到郵局，當地郵局每天只開八個小時，而且永遠都是準時關門。

因為當地時間和紐約時間有十二個小時的時差，所以在華爾街開盤到收盤的時間，當地郵局是沒有營業的。所以，我每次總是精神緊繃，擔心是否會延遲收到重要的股票市場消息。

有一天我到郵局時，發現一封從西貢轉到香港，又從香港寄到永珍的電報正等著我。我憂心地打開電報，心想這封遲來的電報勢必是一場災難。不過，幸好電報裏並沒有任何可能迫使我不得不採取行動的資訊。

不過，我並不是只有在寮國才遭遇種種困難。在尼泊爾位於喜馬拉雅山的首都加德滿都時，當地根本完全沒有電報服務。唯一的電報辦公室位於印度大使館，所有對外的電報聯繫全都要透過那裏來進行。

大使館的官員們顯然覺得為一般人處理私人越洋電報有失他們的身分。每次有我的電報傳來，他們都不願傳遞給我，所以我老是得不斷打電話到大使館，看看是否有要給我的訊息。有時候，我得打十次電話，他們才會告知我去領越

洋電報。此外，電報內容經常變成手寫的，難以辨認。

我的操作法的基本機制如下：《霸榮》雜誌每週一在波士頓出版，而如果我是位於澳洲或印度等不是太偏遠的地方，雜誌會在週四送到我手上。當然，這代表我落後華爾街的走勢四天。不過，當我在《霸榮》雜誌中看到一檔表現和我的理論一致的股票，我就會發一封電報給營業員，要求他把這檔股票從週一到週四的最新動態傳送給我，例如：

「將克萊斯勒本週的區間與收盤價傳給我。」

舉個例子，如果根據我的想法，這檔股票在60元到65元間的箱形裏的表現良好，我就會等待紐約方面提供的四天報價，看看它是否依舊維持相同的走勢。如果越洋電報上的報價顯示它依舊處在箱形裏，我會決定繼續觀察它。接著，我會要求營業員每天提供它的報價，這樣我就可以觀察它是否正朝更高的箱形挺進。如果我對這些資訊感到滿意，我就會發越洋電報到紐約，下一筆到價買單，一旦下了這種買單，除非有其他具體說明，否則這筆買單就持續有效，直到我取消它為止。下這種買單時，我通常還會下一筆自動停損單，以防股價在我買進之後下跌。典型的越洋電報內容看起來如下：

「67元到價買進克萊斯勒二百股，65元停損。」

相反的，如果越洋電報顯示從我在《霸榮》雜誌中注意到它後，股價已脫離60元到65元的箱形，那麼我就會放棄它。此時採取行動已太晚，我必須等待另一個機會。

理所當然的，我被迫只能操作少數股票。原因非常簡單，這樣比較符合財務效益。如果我一天要花12美元到15美元發越洋電報，要求營業員提供股票報價，那麼除非我能賺到超大的利潤，否則任何操作都不符合經濟效益。

我一開始其實非常害怕。我的害怕並不是因為身在紐約有助於操作，而是因為如果我在紐約，就可以藉由電話和華爾街溝通，這讓我獲得一種錯誤的安全感。剛開始我很懷念那樣的環境，直到後來，以越洋電報進行交易的經驗逐漸增加後，我才發現這麼做的優點。不必接、打電話，所以不會有困惑，更不會聽到彼此矛盾的謠言，這種種因素結合在一起，反讓我得以抱持更超然的觀點。

當我一次只需要應付五到八檔股票，自然而然的就把它們和周遭數百檔股票雜亂無章且令人困惑的走勢區隔開來。現在除了我的持股的報價以外，再也沒有其他因素能影響我。

我無法聽到人們在說些什麼，但卻可以見到他們在做些

什麼。這就像是一場聽不到押注聲，但能看見所有牌的撲克牌遊戲。

當時我並未能體會這個方式的好處，不過，隨著市場經驗逐漸增加，我才了解到這對我來說有多麼珍貴。這是當然的，撲克牌玩家一定會試著用言語來誤導我，更不會讓我看見他們手上的牌。不過，如果我聽不見他們的言語，卻經常可以看見他們的牌，我就能猜測出他們將會怎麼做。

一開始，我在紙上練習，沒有真正投入資金。不過，我很快就發現紙上操作和實際投資大不相同。那就像是沒有押任何賭注的撲克牌遊戲，和在養老院裏玩橋牌一樣沒有趣味，一點都不刺激。

進行紙上操作時，由於沒有虧損的風險，所以一切看起來都輕而易舉。不過，當我真正投資一萬元到一檔股票，整個情況就變得非常不同。如果沒有投入資金，我就可以輕易控制自己的感覺，但只要投入資金到一檔股票，我的各種情緒就會快速高漲。

隨著我的越洋電報日復一日的送到，我也慢慢習慣了這種新型態的操作模式，並開始感覺愈來愈有自信。最後只剩下一個特殊的事實頻頻對我造成困擾：有時候，我的某些股票會出現和它們先前的行為完全無關且莫名其妙的走勢。

　　這讓我覺得很困惑，而且，這是發生在我正設法釐清我為何會有上述重大發現之際。我了解我只能靠自己，而且我也知道絕對不可能從書上學到更多知識。沒有人可以引導我，我孤身一人，陪伴我的只有每天的越洋電報和每個星期的《霸榮》雜誌。這些訊息是我和遠在數千英里外的華爾街之間的唯一聯繫。如果我想要任何解釋，就只能訴諸這些電報和《霸榮》雜誌。

　　所以，我滿懷希望地一頭栽進《霸榮》雜誌。我不斷翻閱雜誌，直到整本雜誌變得殘破不堪。最後，我終於發現：股票出現莫名其妙走勢的時間點，通常和大盤出現劇烈波動的時間點一致。由於我只收到持股的報價，所以完全忽視了大盤對這些股票的可能影響。這就像是只觀察戰場上某個局部情況後，就妄想指揮整場戰役一樣。

　　對我來說，這是一個很重大的發現，而我也立即根據這個發現採取行動。我要求營業員在電報最後加上道瓊工業平均指數的收盤價。我認為這樣可以讓我明確掌握大盤表現。

　　現在，我的電報看起來像這樣：

「B　32.5（34.5-32.375）L　57（58.625-57）U　89.5（91.5-89）A　120.25（121.5-120.25）F　132.25（134.875-132.25）482.31」

　　收到新增這項資訊的第一封越洋電報時，我就像是得到一個新玩具的男孩似的。我以為我發現了一個全新的處方。我試著在道瓊工業平均指數和我的持股的走勢之間尋找關連性，我推斷如果指數上漲，我的股票也會上漲。

　　但很快的，我發現事實並非如此。試圖為市場套上一個嚴謹的模式是個錯誤。看起來這極不可能行得通。每一檔股票的行為都極不相同，它們不是根據呆板的模式波動。在犯下很多次錯誤後，我才終於認清平均指數的正確地位；我花了一些時間才搞懂那是道瓊公司所發行的一個平均指數。它只不過是反映三十檔精選股票日復一日的行為罷了。其他股票會受到這檔指數的影響，不過並不會機械式地跟隨它的模式。我也開始體認到，道瓊公司不是算命機構，它不可能試圖告訴你哪些個股何時將上漲或下跌。

　　漸漸的，我開始了解到不能以一個機械式的標準來推測平均指數和個股之間的關係。這兩者的關係比較像是一種藝術。就某些方面來說，它像畫畫一樣。一個藝術家在把色彩塗上畫布時，一定會遵守一些基本原則，但他卻無法解釋為何要這麼做。同樣的，我發現平均指數和我的個股之間也存在某些特定原則的關係，不過，我卻無法精準衡量出這些原則。從那時開始，我決心持續追蹤道瓊工業平均指數，不

過，目的只為了判斷當時是一個強勢或弱勢的市場，如此而已。這麼做的原因是由於我終於了解到，整體市場的循環幾乎會對每一檔股票造成影響。類似空頭或多頭的主要循環，通常會對絕大多數的個股產生漸進式的影響。

　　現在，我的理論已經發展完成，有它相助，我覺得自己的力量更加強大。我覺得我好像即將觸摸到能讓房間重見光明的某些電燈開關。

　　我發現我可以從我眼前的電報建構起我對股票的想法。對我來說，這些電報好像變成Ｘ光一樣。對於不識此道的人來說，Ｘ光照片是沒有意義的。不過，對一個醫生來說，照片中通常隱含著所有他想知道的資訊。他必須把他從照片中發現的事情和疾病的本質、持續時間與病人年齡等要素彼此連結之後，才能歸納出他的結論。

　　當我看著那些電報時，我也是在做類似的事。我先就每一檔股票的價格進行比較，接下來，比較個股和道瓊平均指數的情況，在衡量過它們的交易區間後，我才會評估是否應該買進、賣出或持有。

　　我是在沒有深入分析的情況下，自然而然地進行這些比較。一開始，我無法對自己完整解釋為何要這麼做，但後來，我才了解，現在的我已經有能力解讀這些現象了，不再

像以前一樣只會一味盲目拼湊。我做的是一個有學識與經驗
的成年人會做的事——只要看過一眼，我就能吸收一整個印
刷頁面上的所有資訊，並利用這些資訊快速歸納出結論，而
不用再像個孩子，為了試著將字母拼湊在一起而痛苦不堪。

　　在此同時，我也開始訓練控制自己的情緒。我的做法
是，每當我買進一檔股票，我就會寫下買它的理由；賣出時
亦然。每當一筆交易出現虧損，我也會寫下我認為導致虧損
的原因。接下來，我會試著不要重蹈覆轍。我的某個表格看
起來如下：

	買進	賣出	失誤的原因
島溪煤礦 （Island Creek Coal）	46	43.5	太晚買進
喬伊製造公司 （Joy Manufacturing）	62	60.63	停損價位太接近
東方瓦斯與燃料 （Eastern Gas & Fuel）	27.75	25.125	忽略大盤弱勢
美國鋁業	118	116.5	下跌時買進
古博貝瑟摩	55.375	54	時機錯誤

　　這些因果關係表對我的幫助非常大。隨著我逐筆記錄所
有的交易，我也從每一筆交易中領略某些事物。我開始了解
股票和人一樣也有個性。這不是那麼不合邏輯，因為它們會

忠實地反映股票買方與賣方的性格。

　　股票和人類一樣會有不同的行為。有些股票很冷靜、遲緩且保守；有些則是快速變化、神經質且緊張兮兮的。我發現有一些股票很容易預測，它們的走勢相當具一致性，行為表現也很合邏輯，就像是可靠的朋友。

　　不過，有些股票則很難應付。每次我買進這些股票就會受傷。它們的行為表現好像和人類沒有兩樣。那些股票好像不想跟著我，它們會讓我想起一種人：你試著對他友善，但他卻認為你干擾到他，最後還打你一巴掌的人。於是，我開始在想，如果這些股票甩過我兩次耳光，我永遠也不會再碰它們，屆時我會閃過這些股票的打擊，轉而買進我更有能力處理的股票。當然，這並不表示其他和我不同性情的人無法和這些股票和平相處，只不過人與人之間就是這樣，某些人和某種人比較投緣，其他人也許就不盡然。

　　透過這個失誤原因表格所得到的經驗，成為我最重要的力量來源之一。現在，我終於了解這一切不可能從書上得知，我開始體會到這和開車很像。你可以教導駕駛人如何使用油門、方向盤和煞車器，不過，他最後還是得靠自己培養出他的駕駛感。沒有人可以告訴他如何判斷是否太過靠近前車，也無法告訴他何時該開始放慢車速，他只能從經驗中學習。

　　隨著我在世界各地飛來飛去，同時以越洋電報操作華爾街的股票，我才慢慢體會到，儘管我正逐漸成為一個診斷者，但卻不可能成為先知。當我檢視一檔股票並發現它很強勁，我也只能說：它此時此刻很健康，我無法保證它明天不會得重感冒。不管我依據經驗所做的猜測有多麼謹慎，卻經常還是錯的，不過，我不再因此感到沮喪。我認為，畢竟我又何德何能，可以要求股票應該做什麼或不應該做什麼？

　　即便犯錯，我都不會不開心。正確固然是最好，但如果錯了，把股票賣掉就好。我好像自然而然就變成這樣，無形中似乎有什麼東西脫離了我似的。我不再因股票上漲而驕傲，也不再因股票下跌而感到受傷。我現在知道「價值」這個字眼不可以用在股票上。一檔股票的價值就是它的報價，而報價高低則完全取決於供給和需求。我終於體會到世界上沒有什麼50元的股票。如果一檔50元的股票跌到49元，它現在就是49元的股票。想不到距離華爾街數千英里，竟然讓我成功地在情緒上擺脫了我所有的持股。

　　我也決定不要受稅賦問題的影響。很多人為了達到符合長期資本利得的條件，所以習慣持有股票滿六個月。我認為這樣很危險。只為了稅賦考量而持有一檔下跌的股票，可能會害我虧本。

　　我決定今後在市場上操作，一定要先做對的事，那就是先評估一檔股票的行為，其次才考慮稅賦問題。

　　接下來，所有股票好像都非常肯定我這些新態度似的，有一段時間，我的操作非常順利，當我認為我的觀點正確且客觀，我就會信心滿滿地買進股票，而當我認為事實已證明我的想法錯誤，我就會趁虧損還小時認賠出場，同時不會因此而覺得自尊受傷。

　　我最成功的操作之一是古博貝瑟摩（Cooper Bessemer）。我買這檔股票三次，每一次都是買進二百股。其中兩次操作的結果都是虧損，但第三次的利潤卻非常可觀。以下是這些買進動作的細節：

1956 年 11 月

　　買進　46元　　（$9,276.00）

　　賣出　45.125元（$8,941.09）

　　　　　　　　　　　　虧損　　$334.91

1956 年 12 月

　　買進　55.375元（$11,156.08）

　　賣出　54元　　（$10,710.38）

　　　　　　　　　　　　虧損　　$445.70

1957年1~4月

買進　57元　　（$11,481.40）

賣出　70.75元（$14,056.95）

獲利　$2,575.55

其他還有幾檔股票，如服裝工業公司和雷諾金屬等的表現也一樣好，讓我獲得不錯的利潤。

不過，接下來，一九五七年夏天，我在新加坡時，發生了一系列令人難以相信的事件。

我以56.25元買進巴爾的摩與俄亥俄鐵路公司（Baltimore & Ohio Railroad）的股票，當時它處於56元到61元的箱形裏，而且看起來將上漲。不過，它後來卻開始下跌，我在55元賣掉它。

接下來，我又試著買進多貝克門公司（Dobeckmun），我判斷它正位於44元到49元的箱形，所以我以45元買進。但它也開始下挫，所以，我在41元賣掉它。

我以44元買進戴史東公司（Daystrom）的股票，因為我認為它將上升到45元到50元的箱形，後來我以42.25元賣出。

我在61.75元買進佛斯特車匠（Foster Wheeler），我認為它處於60到80元的箱形。後來當它的走勢緩慢偏離我的預測，我在略低於60元的位置賣出，實際賣出價為59.5元。

　　亞洛魁普（Aeroquip）是這一系列操作活動的最後一檔股票，我以介於23.25到27.625元間的價格買進，看著它攀升到30元，並等待它上移到31元至35元間的箱形。不過，事與願違，它並未出現那樣的走勢。我在27.5元停損賣出亞洛魁普。

　　最後，到一九五七年八月二十六日，我發現自己已完全未持有任何一檔股票。我的自動停損機制讓我賣掉了所有股票。在那兩個月當中，我買的所有股票都緩慢反轉，一檔接一檔跌破它們的箱形底部，即便有時候僅僅虧損0.5元，但這些股票還是一檔接著一檔被賣掉。

　　我並不喜歡這個結果，不過卻無能為力。根據我的理論，在我的某些股票被迫停損出場，或任何我還在觀察的股票慢慢攀向一個較高的新箱形以前，我都必須靜觀其變，耐心等待。

　　我在場邊急切且焦慮地觀察著，隨著股價持續下跌，我一塊錢都沒有投資。

　　但是，好像還是沒有機會出現。當時的我並不知道自己那時正處於一個大多頭市場的某個階段尾端。一直到過了幾個月後，情況才逐漸明朗，到那時，人們才宣稱空頭市場已經來臨。想當時，有一半的華爾街分析師依舊在討論那只是

一個中期回檔，他們說上升的市場只是暫時停滯而已。然而，他們全都承認股價確實已重挫。

當然，從事後諸葛的觀點來看，這些想法提出時，一切都已太晚。當你最需要人提醒你退場的時間點，卻沒有人提出這樣的建議。

這讓我回想起希特勒決定侵略史達林格勒時的情況。對他來說，那只不過是另一個即將被侵略與占領的俄羅斯城鎮罷了。當史達林格勒之役展開之際，沒有人知道那會是戰爭的一個轉捩點。直到過了非常久以後，世人才終於領悟。

即便德國軍隊未能全身而退，卻依舊宣稱那是一個戰略性撤退。但那場戰役是希特勒的末路。「納粹戰爭」多頭市場在希特勒攻擊史達林格勒當天就已結束。

相同的，我體認到我根本不可能知道市場會在什麼時間點出現歷史大轉捩點。不過，隨著華爾街股價的持續下挫，我終於逐漸領悟到，這個系統的停損機制讓我得以快速出場，所以根本無須試圖去掌握轉捩點。想通這個道理後，我感到非常震懾。

這個方法的成效遠遠超乎我的期待，這真是個令人振奮的發現！它會自動在不好的時機來臨以前，先向我透露一些端倪。市場已經轉向，而我也早已出場。

　　對我來說，最重要的是沒有任何人或因素暗示我市場將下跌。我怎麼可能會有任何資訊？我一直都遠在千里之外。我沒有聽到任何預測、沒有研究基本面，更聽不到謠言。我只不過是根據持股的動向而出場罷了。

　　後來，當我研究當初被自動賣出的股票後，我發現在經濟衰退期間，這些股票下跌得非常嚴重。請看看以下表格：

	我在 1957 年的賣出價格	1958 年最低價	1958 年最高價
巴爾的摩與俄亥俄鐵路	55	22.625	45.25
戴史東	42.25	30	39.75
佛斯特車匠	59.5	25.125	39.125
亞洛魁普	27.5	16.875	25.75
聯合控制（Allied Control）	48.25	33.5	46.5
服裝工業	54.5	33	46.625
喬伊製造	68	38	54.5
阿勒尼鋼鐵	56.5	30.125	49.375

　　我看著這張表格，心裏想著：如果我沒有在我的停損機制逼迫下出場，我的投資將虧損50%。我將會像個被關在籠子裏的人，不僅被持股「卡住」而動彈不得，還失去了賺大錢的機會；到那時，逃脫這一切的唯一方法就是接受50%的虧損，落荒而逃，甚至有可能因此毀了自己，而且，未來我

繼續從事交易的信心也將因此而嚴重受創。

　　當然，我也可能在買進這些股票後，「把它們收藏起來」。這是很多自稱為保守投資者的常見做法。不過，現在的我認為他們才是不折不扣的賭徒。即便股價持續下跌卻依舊抱牢股票的做法，不是賭徒是什麼？如果你不是賭徒，絕對會在股票下跌時出場。這些人不願離場的態度和賭徒期待靠一張幸運牌翻盤的心態一模一樣。

　　這讓我想起一九二九年時以250元買進紐約中央鐵路（New York Central Railroad）股票的人。如果他們持有股票迄今，股價大約只剩27元。不過，如果你稱他們為賭徒，他們絕對會怒不可遏。

　　後來，我繼續本著這個非賭徒的基調操作。到一九五七年九月的第一週收到我的月報表後，我開始核對帳戶的情況。我發現我已經賺回當初因瓊斯勞夫林而損失的錢，而且總資產已經幾乎回升到我的原始資本三萬七千美元。我的很多操作都還算成功，不過，佣金和稅金卻吃掉很多利潤。

　　當我更進一步檢視帳戶，我發現自己從這個史上最大多頭市場中獲得非常多的經驗，非常大量的知識，而且更有信心，只不過，這份榮耀並不值得稱羨，因為到最後我還是淨虧損了889美元。

技術面與基本面
並重時期

第6章

小空頭市場期間的領悟

經歷幾個星期完全未持有任何股票的階段後,我決定更進一步客觀檢視整個情勢。為了清楚了解市場,我決定拿兩個市場來進行比較。

我將多頭市場視為一個陽光夏令營——裏面充斥許多活力十足的運動員。不過,我必須記住,有些股票會比其他股票強一點。至於空頭市場呢?夏令營變成醫院——絕大多數的股票都生病,不過,有一些病得重一點。

當衝擊來臨,幾乎所有股票都會受到傷害或毀滅,此時問題只在於估計股票病得有多重,會病多久,如此而已。

我推斷如果一檔股票從100元下跌到40元,它幾乎確定要很久、很久以後才能回升到原本的那個高點。這就像一個腿部嚴重受創的運動員,他一定需要非常久的時間,才有可能恢復到像以前那樣跑跑跳跳的。現在我打從內心深處了解

到，在買進一檔股票後，光是幫它加油打氣不可能讓我賺到錢。瓊斯勞夫林的例子讓我體認到這一點。我不會忘記那時我有多麼想奮力把這檔股票推升上去。這是一種人類感受，不過，這種感受對市場的影響不會比賽馬投機者對賽馬結果的影響強多少。如果一匹馬會贏，牠就是會贏，即便有成千上萬個觀眾為另一匹馬加油，牠一樣會贏。

現在的情況也相同。我了解了一件事：如果我買錯股票，即使世界上所有人都來為它加油打氣，也不可能對股價造成一丁點兒影響，而且，沒有人能預知市場會跌多深。儘管我不喜歡這個趨勢，但我也知道試圖和它對抗將是徒勞無功的。

這個情勢讓我想起蕭伯納（George Bernard Shaw）在他某一齣戲的首演時的談話。在布幕落下時，每個人都熱烈喝采與鼓掌，但卻有一個人在喝倒彩。蕭伯納走向他並說：「你不喜歡這齣戲嗎？」

那個人回答：「對，我不喜歡。」蕭伯納隨即接著說：「我也不喜歡，不過，我們兩個人怎麼有辦法對抗所有的群眾呢？」

所以，我接受現狀，而不是一味期待它出現我想要的結果。我只是站在場邊觀望，等待較好的時機來臨。

　　我堅定地拒絕進行交易，我的心意確實非常堅決，連營業員都寫信來問我為何要這麼做。我試著以一個笑話來解釋：「這是給鳥玩的市場。我不認為我有必要介入一個鳥市場。」

　　接下來一段期間，我像個為賽跑作熱身準備的跑者一樣。雖然我手上沒有任何股票，市場也一直穩定處於下跌趨勢，我卻依舊日復一日持續追蹤著《霸榮》雜誌上的報價。我試著找出抗拒下跌的股票。根據我的推斷，如果它們可以逆流而上，那麼一旦「水的流向」改變，它們將會是上漲最快速的。

　　經過一段時間後，市場的最初下跌走勢開始趨緩，我的機會隨即出現。某些股票開始和下降趨勢對抗。儘管它們依舊在下跌，不過當絕大多數股票跟著大盤的基調而重挫之際，這些股票卻跌得不甘不願。我幾乎可以感受到它們在頑強抗拒。

　　進一步檢視後，我發現絕大多數的這類股票都屬於盈餘趨勢大幅度向上反轉的企業。結論已非常明顯：即使當時的市場狀況很糟糕，但資金卻逐漸流入這些股票。資金像跟著香味走的小狗，跟隨著盈餘改善的企業。這個發現讓我大開眼界，讓我看見了一個全新的氣象。

我終於了解到，股票的確擺脫不了獲利能力的影響。所以，我決定，儘管造成股票波動的原因也許非常多，但我只追尋其中一個：獲利能力正在改善或即將改善。為了達到目的，我必須把我的技術面方法和基本面方法結合起來。我根據股票在市場上的技術面行為選股，但根據基本面考量，我只買技術面占優勢且獲利能力有改善的股票。

就這樣，我發展出我的技術面—基本面並重理論，一直到今天，我都是使用這個方法。

至於實務上的應用，我決定抱持一個「二十年」的觀點。這並不是說我要持有股票二十年，這是我最不想做的事。不過，我會尋找具有未來性、我預期它將推出革命性新產品，且公司盈餘將因此大幅改善的股票。

於是，某些產業馬上就浮出檯面，像是電子、飛彈、火箭燃料。這些產業都是快速擴張的初生型產業，而且除非某些無法預見的事情發生，否則它們的擴張應該很快就會在市場上激起一些漣漪。根據我對股市歷史的研究，我知道華爾街決定「未來明星股」的原則從來都沒有改變過。在汽車出現之前的年代，聰明的操作者湧入鐵路業，因為他們知道鐵路將取代篷車和公共馬車。大約一個世代後，精明的投資人又從鐵路產業轉入汽車業。具前瞻性的擴張型企業如通用汽

車和克萊斯勒等，在當時還是相對極小的企業。不過，它們代表未來。當時買進這些股票，並在它們的擴張期與之「生死與共」的人賺了很多錢。如今，這些股票都已成為基礎雄厚的大企業，不再適合「向前看」的投機者了。

我推斷目前的情況也是一樣。根據「未來看好」的整體理論，未來肯定會有亮麗發展的股票，將表現得比其他股票更加優異。一檔能和火箭時代共存共榮的好股票有可能在二十年內增值二十倍。

我知道，股票和女性的服裝一樣，存在流行與退流行的問題，而如果我要功成名就，一定得尋找時髦的股票。

女性時尚總是不斷改變，股票的時尚亦然。女性大約每兩到三年就會將她們的裙擺拉高或降低一、兩吋。

股票也是一樣。當一股潮流延續，具前瞻性的投資人會跳進去，與潮流並進。接下來，當潮流逐漸退去，他們也會出場。他們把錢投入新型態的股票。我知道我必須積極地尋找這些潮流的變化，否則，我將落得「新股票已露出膝蓋，我卻還抱著長裙股」的處境。如果我未能保持高度警覺，也可能錯過某些轟動一時如爆乳時代（big-bosom era）的新股票。

這其實不像表面上看起來那麼天馬行空。舉個虛構的產

品如一台可以飛的汽車為例：正當每個人都急著搶進這家公司的股票時，奧瑞岡州一個以馬廄改裝而成的工作間裏，卻有兩個人正在設法發明一種遠遠超越飛行汽車的產品。

一旦這項產品具備上市的條件，而且他們也成立一家專門處理這項產品的公司後，原來的飛行汽車將被取代，它的股票將開始下跌，最後，它終將退流行。

這個例子過度簡化，而且並未解答以下問題：要怎麼樣才能買到今年的時髦股？其實我能做的只是謹慎觀察市場上的訊號而已。如果長裙好像逐漸開始退流行，一定會有其他即將開始流行的股票準備取代它的地位。我要做的就是找出將被高高舉起的股票，因為它們會激起人們對未來的想像。

根據這個想法，我謹慎觀察能與火箭時代共存共榮的這一大類擴張型股票在市場上的報價。我對企業的個別產品沒有興趣，不管它的產品是火箭用金屬、固體燃料或先進的電子設備，都不重要。事實上，我根本不想知道它們製造什麼，我可能也根本無法取得這項資訊。對我來說，一個公司製造什麼產品，不會比它的董事長是否有個美艷老婆更重要。我只想知道一家公司是否屬於一個活力十足的初生新產業，還有它在市場上的表現是否和我的要求吻合。

當然，這和很多理財作家的建議完全衝突，這些人來自

保守的背景，幾個世代以來，他們不斷向投資人灌輸一個觀念：一定要研究企業報告與資產負債表，盡可能找出一檔股票的背景資訊，唯有如此才能聰明投資。

但我認定這個方法不適合我。企業報告與資產負債表只能告訴你過去與現在的情況，無法讓你預知未來。而且，我必須為了我的「未來」擬訂計畫。不過，我也謙遜地體認到，這只是我個人的態度。我要的是資本利得，而追求股利收入的寡婦則必須另有考量。

當我在世界各地飛來飛去時，我還是不斷地尋找將會因未來展望良好而攀上巔峰的股票。這個態度是為一種可稱之為「高價區交易」的交易方法作準備。我尋找我認為將會創新高的股票，而且，我也決定一旦這些股票爬升到發射台，準備向上竄升之際，我就要把所有注意力都投注到它們身上。此刻這些股票的價格可能已達到它們的歷史高點，而且對不識此道的人來說，這些股票可能太貴了。不過，它們有可能變得更貴。我下定決心要買在高點，同時賣在更高點。

我透過努力的自我訓練，勤勉地試圖找出這些既貴卻又便宜的飆股。我不斷尋尋覓覓，因為我確信一旦市場出現第一個好轉跡象，這些股票就會上漲。

我謹慎地觀察十幾檔看起來屬於這個類別的股票，每個

星期都查看它們的報價，分析它們的行為，看看是否有任何轉強的跡象。

　　我密切觀察這些股票的價格行為，同時非常注意是否出現任何不尋常的舉動，我並沒有忘記成交量的重要性。

　　我也做好操作高價股的準備，這主要是考量券商佣金。我檢視過相關的費率，發現把一萬元投資在一檔100元的股票，比投資在一檔10元的股票更划算，原因是——

　　假定我要把一萬元投入一檔股票。我可以用幾種方式來進行，例如，我可以買進：

一千股的10元股票　或

五百股的20元股票　或

一百股的100元股票

紐約證交所的佣金費率為：

股　價	每一百股的佣金
1元	6元
5元	10元
10元	15元
20元	25元
30元	30元

40元 ‧‧‧‧‧‧‧‧‧‧‧ 35元

50元 ‧‧‧‧‧‧‧‧‧‧‧ 40元

100元 ‧‧‧‧‧‧‧‧‧‧‧ 45元

要投資這一萬元，我必須花費以下成本（包括買與賣）：

如果是買進10元的股票 ‧‧‧‧‧‧‧‧‧‧‧ 300元

如果是買進20元的股票 ‧‧‧‧‧‧‧‧‧‧‧ 250元

如果是買進100元的股票 ‧‧‧‧‧‧‧‧‧‧‧ 90元

　　如果我的買點正確，營業員的佣金相對於我的獲利而言，根本就微不足道。不過，如果我選擇的時機錯誤，最後停損出場，則又是另一回事。在那種情況下，買、賣雙向的佣金就會讓我的虧損更加嚴重。所以，誠如你所見，如果我買進高價股，選股錯誤所造成的成本會比較低。

　　我看著市場持續下跌，不過我知道它絕對不可能永遠下跌。遲早股票會開始上漲，一向都是如此。空頭市場結束之後，多頭市場一定會來臨。根據我的經驗與知識，訣竅就是觀察第一批訊號，如果確定這些訊號是真實的，就在每個人都尚未察覺且股價還沒有大漲前進場買進。

　　我回想起滑鐵盧的戰役。在這場著名的戰役中，羅特希爾德（Rothschild）有一個密探在確定（英國）戰勝後，隨

即出發前往倫敦告知羅特希爾德這個消息。羅特希爾德馬上就趁著其他人尚未聽到這個消息以前，盡其所能地買進所有英國政府債券。當然，當其他人聽到這個消息後，債券大漲，羅特希爾德也獲利了結，賺了一大筆錢。在今日的華爾街，相同的原理依舊適用。雖然溝通變得比較快速，但古老的藝術仍是愈陳愈香──一定要比其他人更快進場。

經過五年的自我訓練後，我達到那樣的狀態。我知道我已經學會非常多東西。加拿大的經驗告訴我不要賭博；秉持基本面那段期間的經驗，讓我懂得產業族群及其盈餘趨勢；只重視技術面的那段期間讓我懂得如何解讀股價行為與股票的技術面情況，而現在，我把這些經驗全都拼湊在一起，並因此變得更加強大。它就像是一個有趣的拼圖難題，所有圖片終於全部被排在正確的位置，形成美麗的畫面。我很確定未來這個方法將會成功，我冷靜且自信，靜靜等待市場潮流反轉。

經過幾個月，我所等待的事終於發生了。我藉由閱讀《霸榮》雜誌，注意到儘管大盤平均指數依舊處於幾個月以來的跌勢，但有幾檔股票已經開始竄出，就像搶在冬日默默冒出的報春花花蕾一樣，沒有人注意到它們。這些柔弱的嫩芽是否會順利存活下來，或者被霜雪扼殺，目前依舊是未知

數。不過，當我注意到這個緩慢甦醒的跡象，也開始感受到
這個小空頭市場即將結束，至少對特定股票而言。

　　不過，我猜想前一批市場強勢股可能無法在這一次領軍
上攻。我篤定地感覺到，這些股票已經完成它們在歷史上的
定位，此時此刻，它們將不會再像上次那樣，達到那麼令人
目眩神迷的高價，當然也無法再讓追隨它們的投資人賺那麼
多錢。

　　我必須尋找新的標的。後來，事實證明我的感覺是正確
的，因為在這段期間，確實有一些明星潛力股隱藏在市場報
價背後，當時顯然沒有人對它們特別感興趣。就在一九五七
年十一月的那時，這些股票當然也引不起我的興趣，我甚至
幾乎沒聽過它們。

　　這些股票是：

環球產品（Universal Products）報價是20元

西歐科化學（Thiokol Chemical）報價是64元

德州儀器（Texas Instruments）報價是23元

詹尼斯無線電（Zenith Radio）報價是116元

飛兆相機（Fairchild Camera）報價是19元

這些股票並沒有死。它們只是像尚未出生的嬰兒一樣安

穩地沉睡著。不過,很快的,它們注定甦醒。這些股票將躍升為市場上的新領導力量,並讓我賺進二百萬美元。

第7章

理論開始奏效

就在多數華爾街股票表現乏善可陳或甚至下跌之際，我繼續著我的世界巡迴舞蹈表演。一九五七年十一月時，我在西貢的「彩虹」（Arc En Ciel）登台，那時我注意到《霸榮》雜誌裏的一檔陌生股票，它的名字是：羅瑞拉德（Lorillard）。

我當時並不知道這家公司是一個大眾化濾嘴香菸品牌的製造商，當時濾嘴香菸的狂潮才剛要席捲全美國，這股潮流促使它們的產量大幅增加。遠在西貢的我只知道羅瑞拉德的股票開始像沖天炮似的，從一大堆下跌股票所構成的沼澤向上竄出。儘管大盤表現很糟，它卻從十月的第一週從17元開始漲，一直到建立了24元到27元的狹小箱形後才停止。它那個星期的成交量是十二萬六千七百股，和那一年稍早時的一萬股均量形成極大的對比。

　　在我看來，股價穩定上升與成交量大幅增加，顯示有人極端關注這一檔股票。至於它的基本面，當我發現它們的「肯特」（Kent）與「老金」（Old Gold）牌香菸廣受歡迎後，我隨即感到非常滿意。我決定一旦它有突破27元的跡象就進場。

　　我要求我的營業員利用越洋電報告知我每天的報價。很快的，這些報價讓我領悟到，即使市場整體情況不佳，但某些掌握特定知識的人正試圖介入這一檔股票。當時很少人看得出羅瑞拉德將創造華爾街的歷史，很少人預見到它會在金融圈人士的眾目睽睽之下，在相對極短的時間內竄升到令人驚訝的高點，它的走勢令人難以置信而且驚歎不已。

　　我們當時處在一個小空頭市場的最底部，整個氣氛非常低迷，不過，羅瑞拉德似乎完全不受整體悲觀氣氛的干擾，快樂地在它自己的籠子裏上下跳動。

　　一九五七年十一月中旬，它的表現變得更加特立獨行，並開始向上推升到我所預期的27元到32元箱形。在整體弱勢的環境下，它與眾不同的強勢令我印象深刻，我覺得它的強度已經給了我足夠的證據，於是，我決定成為空頭市場上的一個多頭。我從曼谷發出了以下這封電報：

「27.5元到價買進二百股羅瑞拉德，附加26元停損單」

誠如你所見，儘管我對自己結合技術面與基本面觀點所做的判斷相當有自信，但我從未考慮過要放棄我的主要防禦武器——停損單。不管你的房子蓋得多好，絕對不要忘了幫它保個火險。

幾天後，我收到一封確認信，我已經以27.5元買到二百股的羅瑞拉德。我對這次買進非常滿意，同時也做好了迎接大漲的準備。

不過，它的走勢卻和我所算計的不同。我的第一個感受是非常氣餒。十一月二十六日星期二當天，這檔股票精準地跌回我的停損價26元位置，我的股票被賣掉了。而且，像在傷口上灑鹽似的，就在我被停損出場幾秒後，它又開始上漲，以26.75元收盤。

不過，這次回檔的時間短暫，而且接下來的漲勢非常堅定，所以，我決定再度買回這一檔股票。在那一週，我又以28.75元買回先前的持股，同時還是把停損點設在26元。

但這一次，羅瑞拉德的表現非常完美。日子一天天過去，報價從未靠近過我的停損點，這讓我很滿意。這是一個非常肯定的訊號，代表我已走在正確的軌道上，而且我的理

論適用於這檔股票。

　　我的看法恰好是正確的。一九五七年十二月時，羅瑞拉德的股價向上突破30元，並建構了一個31元到35元間的新箱形。根據過去類似股票的走勢，經驗告訴我，有人默默在買進這支股票。我覺得我買到了正確的股票。現在的問題只剩如何在正確的時間加碼買進更多。

　　我像個努力找尋出拳空隙的拳擊手，謹慎觀察著每天的報價，試圖找出正確的時機。到一月底，經過一波假波動後，我一直期待的大漲走勢終於發生，羅瑞拉德開始果斷地突破它的箱形。

　　這看起來像是個理想時刻。包括技術面行為、基本面和型態等，全都很令人振奮。此外，紐約股票交易所剛剛把它的融資（自備款）規定從70%降到50%。這代表我原本有限的資金在此刻獲得了更大的購買力。每一千元可以買進價值二千元的股票。這對我來說非常重要，因為我當時正在觀察另一檔股票，那需要更多資金。

　　那時，我正好從曼谷飛到日本，我從日本發出越洋電報，加碼另外四百股的持股。這些股數的買進價格分別是35元和36.5元。

　　在接下來幾個星期，這一檔股票的表現依舊像個模範

生。看著自己的理論在實務面獲得印證，實在是很令人振奮。就在我全球跑透透進行舞蹈巡迴表演的同時，羅瑞拉德也穩定地在它的箱形裏跳動。它短暫在箱形裏停留，接著又以一波無懈可擊且幾乎不出我所料的上攻走勢，朝更上方的箱形挺進。羅瑞拉德的股價開始出現一個疊著一個的箱形，像個結構美妙的金字塔。我醉心的看著這些箱形，我從未見過表現如此完美的股票，好像我的理論就是根據它量身訂製似的。

　　一九五八年二月十七日，羅瑞拉德上漲到44.375元。我對自己和這檔股票心滿意足，不過，兩天後，我卻在東京接獲一封令我驚駭萬分的越洋電報。

　　我的股票在一天內跌到36.75元的低點，當天以37.75元作收。

　　這讓我不知所措。這個走勢完全出乎意料之外，我不知道該如何解釋。我快速發出越洋電報到紐約，把停損點提高到36元，比當天收盤價低不到兩元。我的感覺是，如果它跌到這個價位，就算賣出所有股票，我第一次買進的股票依舊有不錯的獲利。

　　由於我身在東京，所以，我並不知道那一天華爾街傳出了什麼謠言導致股價重挫。我只知道它的表現很糟糕。後

來，我查到有一篇報告，上面寫著濾嘴香菸對降低肺癌發生的效用不像該公司所宣稱的那麼好，這一段評論導致很多人恐慌殺出股票。

幸好拉回走勢非常短暫，而股價也未觸及我的停損點。這讓我更加信服這一檔股票的力量，同時決定再加碼四百股，加碼價格是38.625元。

幾乎就在這時候，股價快速跳脫我的加碼價格，報價達到39.75 —— 40.25 —— 42元。

我超級開心的，覺得自己已成為一個無可限量的新發展裏的某個合夥人。一切看起來就好像我設計好的一樣。

就在此時，我收到營業員寄來的著名顧問服務公司的建議，那一共是三個星期的建議報告。這個服務公司連續三週強力催促訂戶放空羅瑞拉德，第三週的建議如下：

「在我們通知你開始放空後，上週羅瑞拉德在44元左右的價位承受了明顯的出貨壓力。」

這讓我非常驚訝，不過，我早就不對顧問服務存有任何幻想，所以，我完全不予理會。

取而代之的，我開始對所有跟我提到股票市場的美國觀光客推薦羅瑞拉德。我是真心要幫助他們。從某一天在曼谷

伊拉灣飯店所發生的情形，就可以清楚看出我的熱忱。有一天中午用餐時刻，有人把我介紹給美國最大船運公司的總經理認識。他在我們的談話中提到他在市場上的持股達到三百萬美元，他的資金的投入狀況如下：

價值二百五十萬美元的標準石油（新澤西）

價值五十萬美元的羅瑞拉德

他問：「你認為它怎麼樣？」我認為它怎麼樣？他可真是問對人了。

我立刻告訴他，賣掉所有新澤西標準石油股票，把資金轉移到羅瑞拉德。如果是我，我也會這麼做。

一年後，我在紐約的一場宴會中又碰見他。那時羅瑞拉德的股價已經超過80美元。

他問我：「你最近的股票建議是什麼？」

我很驚訝地說：「建議？我在曼谷給你的那個價值三百萬美元的建議難道還不夠嗎？」

他說：「應該是夠，不過，我並沒有照著做。」

一九五八年三月的第三個星期，羅瑞拉德展開另一波更加剽悍的飆漲走勢。它在一個星期之內大漲了4.125元，成交量更暴增到驚人的三十一萬六千六百股，而且明確地站上

50元到54元的箱形。

四月的第二個星期，羅瑞拉德脫離了它的新箱形，向上突破並抵達新高價55.25元，不過，它隨即回跌到50到54元的箱形。由於我並不考慮進一步加碼，所以，這並未讓我感到無謂的沮喪。然而，我也謹慎地把停損點提高到49元。

其實，我當時也猶豫了一下，差點賣出股票，不過，後來我還是決定繼續持有。到此時，我已自我訓練到能保持耐性，同時儘管我最早買進的股票已讓我輕易賺了二十元，但我還是決心按兵不動，沒有太快獲利出場。

我的羅拉瑞德成本數字如下：

28.75元買進二百股	$5,808.76
35元買進二百股	7,065.00
36.5元買進二百股	7,366.50
38.625元買進四百股	15,587.24
合計一千股	$35,827.50

我最後三筆買進是採用50%的融資，這讓我可以留下剩餘的資金作其他投資，那是一檔名為迪諾俱樂部（Diners' Club）的股票。我是在跨年之際開始對這檔股票產生興趣的，當時我還在和羅瑞拉德奮戰。

　　迪諾俱樂部剛剛完成一個一分割為二的股票分割作業，在一九五八年一月的最後一個星期，它的週成交量增加到二萬三千四百股，我認為對這一檔股票來說，這樣的成交量高得不尋常。

　　由於成交量增加的同時，股價也上漲，所以，我決定查看一下這檔股票的基本面情況，結果顯示該公司的基本面非常可靠。這家公司處在成長領域，而且幾乎是家獨占型企業。它是信用卡系統裏的先驅之一，當時整個系統非常健全。該公司的盈餘呈現明確的穩定上升趨勢。由於這些因素，我在24.5元買進了五百股，停損點設在21.625元。

　　現在，問題只剩下股票將會朝哪個方向走。我買進的第一筆羅瑞拉德股票已經讓我獲得了一些帳面利益，而我推斷最糟的結果不過就是因投資迪諾俱樂部而虧掉一些利潤罷了。不過，這個情況並未發生，在我買進該公司股票幾天後，股價開始上漲。

　　根據我的理論，我立刻又加碼另外五百股，買進價為26.125元。這兩次買進全都使用50%的融資。

　　接著，整個型態完美地發展，股價先是抵達28元到30元的箱形，接下來是32元到36元的箱形。最後一次突破時，週成交量暴增到五萬二千六百股，這是該股票完成分割

後的最高週量。

　　儘管看著利潤不斷增加，但我時時刻刻也沒有忘記隨著股價的上漲而調整停損點。一開始，我把它提高到27元，接下來又調整為31元。

　　在三月的第四個星期，股票抵達36.5元到40元的新箱形，而且看起來好像站穩了這個區間。於是，我算了算我持有的迪諾俱樂部股數：

24.5元買進五百股	$12,353.15
26.125元買進五百股	13,167.65
合計一千股	$25,520.80

　　我已經賺了超過一萬美元的利潤。此外，根據我的理論，我必須繼續抱牢股票。這檔股票的行為顯示它將繼續上漲。所有跡象都指向這一點。

　　不過，突然間，我的越洋電報內容意外地開始出現變化。箇中的原因很難理解，不過，我開始覺得不對勁。這一檔股票好像失去上漲的意志，看起來它在最後一個金字塔的走勢好像有點猶豫，似乎即將反轉。它幾乎好像隨時都會大跌的樣子。所以，為了避免股價重挫對我造成傷害，我決定把停損點提高，此時停損點36.375元與市價之間的差距已接

近到不尋常了。

到四月的第四個星期，預料中的情況果然發生，幸好我已採取自我保護措施。迪諾俱樂部向下跌破箱形的最低價位，我也隨即賣出。我收回35,848.85元，一共獲利10,328.05元。

我坐在東京帝國飯店的房間裏，手中握著我的越洋電報，上面寫著我賺了一萬元。我感到過去幾年來的研究和煩惱全都沒有白費。我開始要出人頭地了。

六個星期之後，我得到一個消息，就某些方面來說，這個消息比那一萬元更讓我樂不可支，因為它證明了我這個方法的技術面層次是非常有效的。美國運通公司（American Express）正式宣布，它決定要成立一個直接與迪諾俱樂部短兵相接的競爭單位。這就是這一檔股票的走勢在接近36元後，開始趨於蹣跚的原因。有些人早就知道這篇聲明稿的存在，他們早就在賣股票。不過，儘管我完全不知情，卻得以和他們同時退場。

身在遠東，我不可能得知任何一個競爭機構即將成立的消息。不過，這個系統的技術面層次卻根據價格走勢警告我出場。

在我傾全力「對付」羅瑞拉德和迪諾俱樂部之際，我也

從未怠於追蹤《霸榮》雜誌裏的其他股票報價。我透過這些資訊注意到一檔名為艾爾布魯斯（E. L. Bruce）的股票開始變得很有意思。它是一家位於曼菲斯（Memphis）的小型公司，是在美國股票交易所掛牌的。進一步檢視後，我發現這個公司製造硬木地板。這當然不符合我的基本面條件，不過，從技術面看起來，它卻非常有說服力，我的視線根本無法離開它。

令我訝異的是艾爾布魯斯公司在華爾街的走勢。它通常一個星期只成交5,000股。後來，它突然甦醒，開始波動。在一九五八年四月的第二個星期，它的成交量達到驚人的19,100股。接下來，週成交量攀升到41,500股——54,200股——76,500股，週股價漲幅則介於5元到8元間，而且完全沒有任何回檔的跡象。

艾爾布魯斯從二月的18元上漲到五月初的50元，直到那時才出現第一次回檔，股價拉回到43.5元。這次回檔讓我感覺到它只是暫時休息，它正在養精蓄銳。當然，我無法確定是否真的如此，但我仍舊覺得它將繼續上漲。我試著尋找基本面的理由，不過，卻無功而返。成交量依舊很熱絡，股價行為也很強，上漲的節奏依舊沒有改變。

我開始覺得自己像坐在黑暗的劇院裏，等待著布幕升起

上演引人入勝的情節。當我從東京飛到加爾各答，一路上還是不斷苦思布魯斯的報價。它的波動區間比大多數股票更寬廣，更不受限制，我無法為它的價格設定一個明確的框架。在飛越印度洋時，我決心破一次例。不管有沒有基本面做依據，如果股價突破50元，我都要買它的股票，而且，要大量買進。

不過，我需要資金。賣掉迪諾俱樂部後，我取回一部分資金，但這些並不夠。我本來可以動用積蓄，不過，經歷過瓊斯勞夫林那次災難式的教訓後，我決定不能再冒任何超過我的資金能力所及的風險，因為那可能會毀了我自己。於是，我後來再也沒有動用過表演事業賺來的錢來充作我的市場操作資金。

唯一的可行方案就是密切觀察「老友」羅瑞拉德的情況。它的表現依舊安好嗎？

答案是「不太好」。它向上挺進的力量不夠堅定，回檔的幅度也開始加大。於是，我決定把資金從羅瑞拉德撤出，隨時準備把資金投資到布魯斯。我在五月的第二個星期賣掉一千股，均價為57.375元。賣出這些股票的總收入是56,880.45元，我從這筆買賣得到的利潤是21,052.95元。

加上我從迪諾俱樂部賺到的一萬元，這代表在五個月

內，我的資本幾乎增加一倍。我感到無比歡欣與驕傲，同時，我像個打敗強大對手的人，準備好要去對付一檔像布魯斯那樣強大且高深莫測的股票。

我為了這場戰役做了特殊的準備。經過羅瑞拉德的那筆買賣，我深信這套系統的成效真的非常好，所以，我不想只委託一個公司來為我執行這套系統。我覺得如果有人跟著我操作，可能會讓我不好做事。所以，我打電話到紐約，在其他兩個券商開戶。

在一九五八年五月的第三個星期，我發越洋電報到紐約，以我的自動到價買單，在50.75元買進五百股的布魯斯股票。另外，我也設定了48元的停損單。

接下來幾天，股票表現非常漂亮，所以我決定善加利用現有的50%融資條件。經過觀察，股價完全沒有觸及我的停損點，所以我繼續買進更多股票，每次買進也都設定介於47元到48元間的停損保護。我算過，如果我被停損出場，至多就是虧掉我從迪諾俱樂部賺來的錢。

以下是我的詳細買進資料：

50.75元五百股	$25,510.95
51.125元五百股	25,698.90

51.75 元五百股	26,012.20
52.75 元五百股	26,513.45
53.625 元五百股	26,952.05
合計二千五百股	$130,687.55

我的進場時機的確很對，艾爾布魯斯真的開始上漲，好像被一個磁鐵往上牽動似的。看著它，它上漲的方式真讓我難以置信，只能用奇觀來形容！

我待在加爾各答凝視著每天的報價。很快的，他們通知我，股票已經飆漲到 60 元。在稍作停頓後，它突然又再度向上突破。到六月十三日，它已經上漲到 77 元。

即使我遠在印度，都能清楚感受到美國股票交易所正發生一些不尋常的事。經過一番天人交戰，我決定不打電話到紐約去詢問究竟是怎麼回事。每當我很想打電話給營業員時，我就會制止自己這麼做，因為我只會問到謠言，而且可能因此而做出傻事。

於是我乾坐在加爾各答的華麗酒店，瞎猜著華爾街的種種情況。世上肯定沒有人承受過如此嚴厲的決心與耐心大考驗。

經歷了幾天的煎熬，一通來自紐約的電話讓我的不耐煩

變成了恐懼。我的某個營業員來電,他幾乎讓我的心臟停止跳動。他說:「他們暫時停止布魯斯在美國股票交易所的交易。」聽到這句話,我手上的話筒幾乎掉了下來。我驚懼萬分。布魯斯的股票停止交易!我投資超過六萬美元在這一檔股票,那是我的全部資本。這意味我的錢已經全部虧掉了嗎?我根本難以聚精會神聽他說話。過了幾分鐘,我才逐漸復原,也終於聽懂他跟我說了什麼。

由於我的情緒幾近狂亂,所以我花了很長的時間才了解,我離破產可遠了,我現在可以在櫃檯買賣市場以每股100元賣出布魯斯的股票。我完全不知所以然。每股100元!這怎麼回事?

他在電話那一頭的紐約把整個情節告訴位於加爾各答的我,過程中,我不斷顫抖。

華爾街某些交易員根據純粹以基本面方法為基礎的觀點判斷,以布魯斯的帳面價值和盈餘來說,它的股價不應該超過30元。所以,他們在45元到50元之間開始放空這支股票,他們自信能在較接近30元的位置回補這些股票,成功結束這場買賣。

但他們犯了一個嚴重的錯誤,因為他們只知其一,不知其二。有一個名為愛德華‧基爾伯特(Edward Gilbert)的

製造商試圖搶奪布魯斯家族對這家公司的控制權。他和他的盟友們試圖取得布魯斯家族的314,600股流通在外股票中的多數股份。它的成交量非常大，在短短十週內，有高達275,000股的布魯斯股票換過手。

放空者誤判了市場的情勢，而當他們發狂似地爭先恐後回補股票的同時，也把股票推升到令人頭暈目眩的高點。股價莫名其妙飆漲讓他們輸到脫褲子，而且不管用什麼價格，他們都買不到股票來履行應盡的義務。

最後，為了維護因這些瘋狂交易而失序的市場，美國股票交易所決定暫時停止這檔股票的交易。不過，這對於絕望的放空者而言根本沒有幫助。他們還是得完成股票的交割。現在，他們願意不計代價透過櫃檯買賣市場買進布魯斯的股票。

聽完整個情節，我整個人有點茫茫然。我的營業員問我，既然櫃檯市場的每股價格已經到達100元，我是否要指示他以這個價格賣出。

我的思緒飛到了我每天收到的越洋電報上，我想起當初如何透過這些電報揣摩出布魯斯的驚人發展。我想起我是如何堅決地不打電話查問究竟發生了什麼事，因為我知道問到的一定是我發誓絕對不再相信的「謠言」。我想起當初儘管

我不知如何是好，但基於相信每日報價顯示布魯斯的飆漲走勢自有它的道理，所以我還是繼續按兵不動。

應該繼續抱牢股票嗎？我面臨了一個困難的抉擇。有人給了我一個賺大錢的誘人機會。聽著營業員對我述說這一切，我強烈感覺應該快點賣掉這檔股票。畢竟若以100元賣出，我就能獲得一大筆財富。

我一邊聽著，一邊苦思。接下來，我做了一生中最重大的決定之一。我說：「不，我不要在100元賣出。沒有道理賣掉還在上漲的股票。我要繼續持有。」

我真的是這麼做了，這是一個巨大又困難的決定，不過，事後證明這是精準的正確抉擇。在接下來幾個星期，我陸續接到幾通緊急電話，營業員向我報告，美國各地不斷有人想要買我的股份，他們喊出的條件更是愈來愈高。於是，我逐步透過櫃檯市場賣出股票，一次一百或兩百股，平均售價為171元。

這是我在市場上第一筆真正的大收穫。我因為這次操作賺到了295,305.45美元。

這對我來說是非常棒的一件事。當初的不知所措真的讓我感到非常慶幸。我把我的故事告訴所有願意真心傾聽的人。我把我的電報拿給他們看。所有人的唯一反應都是：

「你的小道消息是誰給的？」我試著向他們解釋沒有人告訴我小道消息，我說我全是靠著一己之力實現這個成就，而這也是我那麼快樂與興奮的原因。

　　但沒有人相信我。我確定我在加爾各答的朋友們迄今都還認為我是基爾伯特先生的知心好友。

第8章

我的第一筆五十萬美元

　　成功操作艾爾布魯斯的經驗理當讓我變得更急切，變得較不謹慎。然而，不知為何，這個事件反讓我變得更加戒慎恐懼。我在九個月內透過投資股票賺到了 325,000 美元，我決心不要因錯誤的行動，再把這些錢虧掉。很多操作者也有辦法在九個月內賺大錢，但也會在短短九個星期內虧掉這些錢。我決定不讓這種事發生在我身上。我採取的第一步就是從市場上撤出一半利潤。接著，我小心翼翼地觀察著市場，希望為剩餘的資金尋找下一批可能表現優異的股票。不過，就像很多一夕致富的故事，接下來一兩個月，我的操作都不太成功。

　　我謹慎地買了五百股的鉬業公司（Molybdenum）。我的買進價格是 27 元，總價金是 13,606.25 元。不過，我幾乎立刻就以 26.5 元被停損出場，所以，我僅收回 13,123.78 元。

　　我也買進哈維格工業公司（Haveg Industries），我以31.375元買進五百股，付了15,860.95元。結果，它也是反轉，而且好像要跌破30元的樣子，所以，我在30.5元賣出，收回15,056.94元。

　　接下來，我找不到任何有意思的股票，所以，我又回頭操作羅瑞拉德。在先前的空頭市場期間，這一檔股票的表現很像矗立在沙漠裏的一棵樹，但現在的它卻變得有點疲憊，像個老紳士般緩慢移動。不過，我猜當初我對它應該是有一種特殊的情感眷戀，因為它是第一檔為我創造佳績的股票。我久久無法忘懷它的功勳，於是，它變成我的美國「寵物」。這是徹底錯誤的態度，不過，我好像就是無法抗拒它。

　　我買進這一檔股票三次，每次我都以為它會攀向更高的箱形。不過，三次賣出都是因為它無法具體站穩這些新的箱形。那三次操作羅瑞拉德的情形如下：

一千股
　　以70.5元買進　　（＄70,960.50）
　　以67.875元賣出（＄67,369.74）

　　　　　　　　　　　　　　虧損　＄3,590.76

五百股

　　以69.125元買進（$34,792.05）

　　以67.75元賣出　（$33,622.42）

　　　　　　　　　　　　虧損　$1,169.63

一千股

　　以67.75元買進（$68,207.80）

　　以67元賣出　　（$66,495.66）

　　　　　　　　　　　　虧損　$1,712.14

　　就這樣，這三筆虧損終於瓦解了我對它的深情眷戀，從此不再買進它的股票。我終於體認到羅瑞拉德目前的波動速度非常緩慢，它顯然已不再是我的「菜」。

　　從羅瑞拉德撤退後，我靜下心來評估我的整體狀況。它大致上是：

	獲利	虧損
羅瑞拉德	$21,052.95	$6,472.53
迪諾俱樂部	10,328.05	
艾爾布魯斯	295,305.45	
鉬業公司		482.47
哈維格工業		804.01
合計	$326,686.45	$7,759.01

　　我的整體獲利是318,927.44美元。

　　就在我進進出出羅瑞拉德的期間，我還是繼續尋找和我的理論契合的股票。這時，有一個非常重要的因素催促著我更深入尋找其他股票，那就是：大盤開始變得更加強勁。由於我感受到這股強勁力量已變得更顯著，所以我希望可以藉由盡早介入一檔潛力股，取得伴隨著這個強勁市場而來的完整利益。

　　我的目光被一家小型、沒沒無聞的企業所吸引，它的名稱是環球產品公司（Universal Products）。它的報價大約是35元，股價在35.875元和33.5元之間上下震盪。我查出它是一家電子公司，所以，我認為它符合我的技術面與基本面並重理論的條件。

　　一九五八年七月間，我還是待在加爾各答，我要求紐約方面提供它的每日報價。他們告訴我的題材聽起來似乎大有可為。不過，我前一陣子因操作羅瑞拉德而產生的虧損提醒我，我有可能連犯好幾次錯誤，所以，我要求自己要謹慎行事。我認為實際持有該公司的一些股票，才比較能揣摩出它的一動一靜，於是，我決定先小量試單，買進少量股票。我發出以下電報：

「35.25 元以下買進三百股環球產品」

隔天，我收到通知，對方已經用 35.25 元幫我買了三百股的環球產品。我發出以下電報：

「下停損單 32.5 元」

現在，除了靜觀其變，等待它的下一個動向以外，沒有什麼事可做。

在這段期間，我頻繁地在印度境內往返飛行。不過，我走到哪兒，環球產品公司的報價就會送到哪兒。一九五八年八月的第三個星期，我位於喀什米爾的斯利納加，我注意到這檔股票開始轉強。我發出以下越洋電報：

「36.5 元到價買進一千二百股環球產品，33 元停損」

當我回到新德里的帝國酒店時，我收到以下通知：

「36.5 元到價買進一千二百股環球，環球 36.75（37.875-35.375）等」

這代表我已經以 36.5 元買到我要的股票，而它以 36.75 元收盤。雖然股價沒有果斷地從我的買進價格向上拉升，但

收盤價終究高於我的買點。現在的問題是：我的股票會不會
繼續上漲，或者它將回到前一個箱形？

我非常興奮。雖然我已經設想好最多可能會虧多少錢，
但關鍵還是在於我的判斷究竟是對是錯。我迫不及待想看到
隔天的越洋電報。當它最後抵達時，上面顯示環球產品以
38.125元收盤。它那一天的波動區間是38.75-37.5元。這意
味我的觀點正確，至少目前為止是如此。

接下來幾天，股價持續上漲，我在喀拉蚩時又以40元
加碼買進一千五百股。不久後，環球產品公司改名為環球控
制（Universal Controls）公司，同時進行一股分割為兩股的
作業。在我最後一次買進後，它的表現還是很優異，不過我
判斷我持有的環球控制股票已經夠多了，再多就承受不了
了。

我的詳細部位如下：（這個表與接下來其他表格裏的價
格全都是均價）

35.25元試單買進三百股	$ 10,644.93
36.5元買進一千二百股	44,083.56
40元買進一千五百股	60,585.00
合計三千股	$115,313.49

經過分割，我共持有六千股新股票。現在，股價開始向上飆漲，而我則停下腳步，靜觀其變。

十二月初時，由於眼見環球控制的表現很正常，所以，我向我的祕書推薦這一檔股票。我告訴他在31.75元買進。我說：「如果它跌破30元就認賠出場，否則就繼續持有，靜待它大漲再說。如果你虧錢，我會補償你。」

就那麼湊巧，他父親剛好是個只重視基本面的守舊派人士，聽到我的建議後，他告訴他兒子，千萬不要當那種傻瓜。他的論點是：如果一檔股票可能下跌，那有什麼理由買它？他認為只能買進「一定會」上漲的股票，好像每個人都是鐵口神算似的。他還說他要審視這個公司的帳冊，看看它的狀況是否理想。

我祕書聽了他父親的勸告，沒有投資任何錢到這檔股票，靜待那位老先生謹慎檢視該公司帳冊後的結論。然而就在他全神貫注地進行這項工作之際，股價漲到了50元。

在投資環球控制股票的同時，我也一邊在觀察另一檔名為西歐科化學（Thiokol Chemical）的股票，它的股價行為很吸引我。

早在一九五八年二月，它就引起我的注意，當時我人在東京。那時它剛完成一分割為二的股票分割作業，在默默跌

到39元到47元的箱形之前，它的成交量一直非常大。後來它靜靜地待在這個區域裏達幾個月之久。

由於我會定期透過《霸榮》雜誌查看它的價格，所以這個平穩的區域看起來就像個夏日的池塘。不知為何，我總感覺它當時的表現只是風雨前的寧靜。

三月時，我發了以下越洋電報到紐約：

「提供西歐科報價」

報價按時抵達，不過，除了四月份出現曇花一現的騷動以外，並沒有發生什麼值得一提的事。經過幾個星期，我從香港發出以下越洋電報：

「停止西歐科報價，若上漲到45元以上，再恢復報價」

我推斷如果它再度接近箱形的上限，就是回頭觀察它的時候。八月的第一個星期，西歐科的報價又開始出現在我的電報中。站上45元後，它看起來好像正在為向上竄升而收縮它的肌肉似的。於是，我決定試試水溫，少量買一點，於是發出以下越洋電報：

「47.25元買進二百股西歐科」

買單順利在這個價格執行，總價是9,535.26元。

接下來，西歐科花了三個星期才展現出它的真正活力。到八月底時，我覺得時候已到，所以，發了以下越洋電報到紐約：

「49.5元到價買進一千三百股西歐科」

買單在一九五八年九月二日以49.875元執行，我的總成本是65,408.72元。

抱著一千五百股的股票，我看著它快速向上突破50元，並落在52元到56元區間的箱形裏。

一個星期後，西歐科公司發了一份通知給我，它決定辦理現金增資。這些增資股被當作是給予現有持股人的一個額外分紅，每一股股票都擁有一單位的增資股認購權。如果你擁有十二個單位的增資股認購權，就可以用一個特殊價格——42元買進一股的西歐科股票。由於當時股票報價超過50元，所以，執行增資股認購權真的很划算。如果你不想執行，可以在美國股票交易所把這些認股權利賣掉，因為這些認股權會在一個限定期間內在該交易所掛牌交易。

不過，這些增資股認購權的另一個重要特色讓它們變得更有意思。根據股票交易法規，如果你用增資股認購權購買

公司的股票，可以善加利用一個他們所謂的「特殊認購帳
戶」為自己獲取利益。當你把這些增資股認購權存到這個帳
戶裏，營業員依法最多可以借給你約當該股票目前市值的
75%資金。此外，這種買進行為無需支付佣金。

我迫不及待地開始作業。這是一個讓我得以藉由信用擴
張買進大量股票的特殊機會。我決定拿所有可動用的現金來
投入這筆交易。我快速地粗略計算一下我的部位，我當時的
情況是：

原始投資		$ 36,000
總獲利（已扣除虧損）		319,000
總資金		$355,000
已提領現金		160,000
可供投資金額		$195,000
目前持有的多頭部位		
三千股的環球產品	$115,300	
一千五百股的西歐科	75,000	
	$190,300	
融資規定下的70%現金		$133,000
可供進一步投資的金額		$ 62,000

　　不過，這時發生了一個奇怪的情況。當我設法和紐約的營業員安排相關事務時，我發現儘管法規允許可以貸款75%，但我究竟可以透過特殊認購帳戶借多少錢，不同營業員的意見卻非常分歧。有一個營業員只願意借給我約當股票認購價的75%的金額，而另一個卻願意借給我約當股票市值75%的資金。西歐科當時的報價為55元，後者的提議是極吸引人的信用條件。於是，我馬上就開始利用它來為自己牟取利益。

　　我以每單位平均1.3125元買進三萬六千個單位的增資認購權，支付了49,410元。這些認股權讓我擁有以每股42元買進三千股西歐科的權利。這一共要花126,000元的成本，不過，根據增資股認購規定，我只需要另外補上6,000元的現金。剩下的錢是某一個營業員貸款給我的。

　　這個安排看起來很有利，所以我下定決心要進一步善加利用這些獨特的信用條件。

　　我想到若把原來的一千五百股西歐科股票賣掉，那麼，根據特殊認購法規，我可以買回多一倍的股票。

　　於是，我以均價53.5元賣出這些股票。這讓我獲得57,000元的新購買力。我用這筆錢買了第二批的三萬六千單位的認購權。和前一個操作一樣，我把認購權轉換為第二批

的三千股西歐科股票。

這個操作是像這樣：

a. 賣出一千五百股西歐科股票

b. 買進三萬六千個單位的西歐科增資股認購權，並以這
   些權利

c. 買進三千股的西歐科股票

現在，這六千股西歐科股票的總成本一共是350,820美
元。

在十二月的第二個星期，西歐科從美國股票交易所轉移
到紐約股票交易所掛牌。它立刻上漲8元，接下來一週，又
觸及100元的關卡。隨著它的股價持續上漲，我的營業員想
必愈來愈緊張，因為我接獲一封電報，上面寫著

「目前你的西歐科利潤已達25萬美元」

收到這份越洋電報時，我住在巴黎的喬治酒店。這時我
才猛然發現，我一直忙著檢視報價，所以，幾乎忘記我的帳
面利潤已持續大幅增加。若加上我透過布魯斯賺的錢，現在
我的利潤已經超過五十萬美元了！其實我作夢都沒有想過自
己會擁有這麼多錢。這筆錢已經足以讓我成為一個真正的有

錢人。

　　突然之間，我猛然發現到自己擁有這麼多錢。此刻我體內的每一根神經都好像在說：「賣掉、賣掉」。這堪稱世界上最大的誘惑。

　　我該怎麼做？股票會繼續上漲嗎？抑或我該獲利了結出場？但也許它不會繼續上漲，而且也許會下跌。那真的是一個可怕的兩難，「何時賣出」雖是個老問題，但此刻卻變成一個大問題，因為這次牽涉到的資金非常多。如果我現在做出正確的判斷，我的人生將就此轉變。反之，若我做錯決定，就會終生遺憾。

　　我感到非常孤單。世界上沒有人可以給我任何忠告，沒有人能告訴我該如何因應當下這個情況。我決定外出，獨自喝幾杯小酒，好好權衡一下目前的情境。在外出前，我在梳妝台前坐了下來，並在一張小卡片上寫下「記住布魯斯！」。我認為這可以提醒我牢記過去所經歷的教誨。

　　我在巴黎街頭閒晃，手指不斷觸摸著口袋裏的這張小卡片。每當我感覺到自己有發越洋電報要求營業員賣出西歐科的衝動時，就拿出這張卡片，看著它，猶豫半天。

　　最後，我決定不賣出。這一檔股票堪稱我的新市場操作法的最佳範例，而且這個方法真的一點都不簡單。回到飯店

時，我幾乎筋疲力盡。我看起來一定很像即將要自殺的人，根本不像剛剛幫自己賺了一筆財富的人。

不過，事實證明我是對的，西歐科持續上漲，而我在巴黎做出的這個決定讓我得以抱牢這檔股票，從中賺更多錢。

幾個星期以後，也就是在一九五九年一月，我回到紐約。當我在艾迪威爾德機場（Idlewild，後改名為甘迺迪機場）降落時，我手上有六千股的西歐科和六千股的環球控制股票。這些股票的表現真的很棒。西歐科的股價站在100元關卡以上，而環球控制公司則已上漲到45元。

抵達紐約後，我安排的第一批正式約會，就是和我的營業員見面，和他們討論我的「華爾街買賣」。他們告訴我，根據他們的帳務紀錄，我的投資已經讓我賺了超過五十萬美元。

我感到樂不可支、自信且很有成就感。我為自己在廣場酒店訂了個房間，同時也決定在停留下來的這段期間，繼續在密閉的禁區從事我的股票「買賣」。

我那時根本就不知道我即將把自己變成一個徹底的笨蛋。我幾乎在短短幾個星期內把自己推向毀滅。

第 9 章

我的第二次危機

「獲利五十萬美元」的消息給了我莫大的信心,我非常清楚自己是怎麼達到這個成果的,而且我也相信自己一定可以再創佳績。我確信我已精通這項獨門技藝。我已利用這些越洋電報培養出一種第六感。我對我的股票有「感覺」。這很像音樂家所培養出來的那種感覺——他們可以察覺到一般聽眾聽不出來的走音。

我幾乎能說出一檔股票將會有什麼表現。如果一檔股票在上漲八元後回跌四元,我並不會太過緊張,因為我原本就預期到股價會有此表現。此外,如果一檔股票開始轉強,我通常可以預測到它哪一天將開始上漲。這是一種神祕且無法解釋的直覺,不過,我打從心底認定我擁有這項能力。這也讓我覺得自己的力量非常強大。

基於上述原因,無怪乎我會漸漸把自己想像成金融界的

拿破崙。我覺得我即將在一條閃耀的道路上大步前進。我完全察覺不出有任何潛在危險。我根本不知道路上有個危險的巨人正躺在那裏等著我送上門。我沾沾自喜、一廂情願地推論著，畢竟有多少人能創造像我這樣的表現？

我決定正式投入這個事業。如果我能賺到五十萬美元，有什麼因素能阻止我賺二百萬、三百萬，或甚至五百萬美元？雖然最近融資自備款規定已提高到90%，但我依舊深信，利用我藉由布魯斯的獲利所存下來的十六萬美元，就可以作為創造新財富的基礎。我打算開始認真地從事每天的現場交易，我認為未來這些交易的規模一定會讓我先前的交易顯得小巫見大巫。

但重點是，雖然我的口袋變深了，但我的腦袋卻變鈍了。我變得過度自信，而在股票市場上，這卻是最危險且最不該有的心態。不久後，我馬上就嚐到了苦澀的教訓，市場總是會給予漫不經心、自以為有能力輕鬆駕馭市場的人最嚴厲的教訓。

在紐約待了幾天後，我決定和市場「近距離接觸」。我執著地認定自己的想法是一個非常簡單又安全無比的系統，所以，我認為如果更貼近市場，就不會有任何事情可以阻擋我「日進斗金」。我選擇了某一個營業員位於市中心的辦公

大樓──這才配得上我未來的成就。

　　我第一次造訪那個辦公室就為之著迷不已。交易室很大，很多椅子擺放在一台不斷跳動的小機器前，那是一台即時股票報價機。整個氣氛非常刺激，一切都是那麼的激情。房間裏的人就好像蒙地卡羅的食客，全都既緊張又得意。那裏給人一種戰鬥、忙亂與吵雜的氣氛。報價不斷跳動、打字機的聲音此起彼落，電報機器嘎吱作響，職員們全都忙進忙出的。環繞在我周遭的對話大致上都是類似：「固特異看起來好像不適合我」、「我要賣出亞納康達」、「市場即將開始回檔」等型態。

　　第一天，我幾乎不受這個緊繃且激動的氣氛所干擾。有了先前的成就作後盾，我覺得我可以超脫於這些緊張人群的渴望、期待與恐懼。不過，這種情況並未持續太久。隨著我開始天天在這個交易室進行操作，我漸漸地放下了原本的超脫，成為他們的一員。我開始聆聽一大堆讓人感到混淆的事實、意見與流言蜚語。我開始閱讀市場快報，也開始回答類似以下的問題：「你認為市場怎麼樣？」「你知道有什麼便宜的？」這一切對我產生了致命的影響。

　　短短幾天的交易，就讓我完全忘記過去六年間所學到的教誨。我做了每一件我訓練自己絕不能做的事。我和營業員

談話，聽信謠言，而且眼睛一直離不開即時報價。

我好像變成「快速致富」惡魔的俘虜。我完全失去當初透過越洋電報謹慎建立起來的清晰眼光。我一步步引導自己走向一個開始喪失我的獨門技巧的道路。

第一個棄我而去的是我的第六感。我無法再「感覺」到任何事。我眼前只剩下一大堆沒有根據或理由而跳上跳下的股票。接下來，我不再獨立自主。我逐步放棄我的系統，採納和其他人一樣的態度。我變得只知道追隨群眾。我的理性背棄我而去，而情緒則取得完全的主控權。

也許用以下方式解釋，就比較容易理解為何要堅守我的系統會那麼難：在一個擠滿群眾的劇院裏大喊「失火了」，會發生什麼事？所有人都會急著脫逃，結果害死或傷到其他人。一個即將溺斃的人會掙扎、緊抓住原本要救他的人，甚至把對方一起拖下水。他們沒有理性、態度錯誤，但憑本能支配著他們。

當我開始跟隨群眾後，我也逐漸做出類似的行為。我不再是以前那匹孤獨的狼，而是變成一隻困惑且激動的羊，在羊群裏繞著其他羊團團轉，等著被剃毛。當周遭每個人都說「是」的時候，我根本不可能說「不」。當他們恐懼時，我也跟著害怕起來；當他們滿懷希望時，我也滿懷希望。

即使是在初出茅廬的那幾年，我都沒有過這種情形。我失去我的技巧，也失去控制。我做的每件事都錯。

我的表現像個徹底的外行人，我過去謹慎建立起來的系統在我的周遭崩潰。每一筆交易都是以災難收場。我下了數十筆彼此矛盾的買賣單。我在 55 元買進股票，它們卻跌到 51.1 元附近震盪。要停損嗎？我老早就忘記停損這件事。耐心？判斷？我都沒有。箱形呢？完全被我拋諸腦後。

日子一天天過去，我的操作開始出現一種惡性循環：

我在高點買進

　每次我一買進

　　股票就開始下跌

　　　於是我受到驚嚇

**　　因此在低點賣出**

　　每次我一賣出

　　　股票就開始上漲

　　　而我又開始貪婪

**　　再次在高點買進**

我開始感到極端沮喪。然而，我並未怪罪自己太過愚蠢，反而為自己的失敗發明了各式各樣的藉口。我開始相信

「他們」。「他們」用很高的價格把股票賣給我。「他們」以便宜的價格買我的股票。當然,我說不上來「他們」是誰,不過,這並未讓我停止相信「他們」的存在。

為了和「他們」——存在我內心深處的灰色鬼魂——對抗,我變得魯莽且不計後果。我變得頑固,即便股票不斷對我造成打擊,但受到重創的我每每在擦乾傷口上的血後,依舊勇往直前地買進更多股票。我不斷告訴自己,我領先市場五十萬美元,所以這種事不可能發生在我身上。當時的我實在錯得可憐!

那是徹徹底底的災難期。我在短短幾個星期之內虧掉了十萬美元。我那時的交易清單看起來像個瘋子的紀錄。直至今日,我依舊難以相信當時的情況。現在的我當然知道這一切都是導因於自負,而自負變成虛榮心,虛榮心又變成過度自信,最後並演變成災難。打擊我的不是市場,是我自己不理性的直覺與不羈的情緒。

我常在買進股票後幾個小時又將之賣出,因為我知道如果在同一天買進與賣出股票,依照規定,帳戶中最低只要保留25%的融資自備款,我就可以進行操作。不過,我並未因此而賺錢,反而每次都虧幾千美元。我就是這樣讓自己陷入災難的:

二千五百股的哈維格工業

　　以 70 元買進（$176,150.00）

　　以 63.5 賣出 （$157,891.34）

　　　　　　　　　　虧損　$18,258.66

一千股的羅姆電纜（Rome Cable）

　　以 37 元買進（$37,375.00）

　　以 31 元賣出（$30,724.48）

　　　　　　　　　　虧損　$6,650.52

一千股的通用時間（General Time）

　　以 47.75 元買進（$48,178.80）

　　以 44.75 元賣出（$44,434.32）

　　　　　　　　　　虧損　$3,744.48

五百股的印刷機多圖（Addressograph-Multigraph）

　　以 124.5 元買進（$62,507.25）

　　以 116.5 元賣出（$58,053.90）

　　　　　　　　　　虧損　$4,453,35

一千股的李奇霍德化學（Reichhold Chemicals）

　　以 63.5 元買進（$63,953.50）

　　以 61.5 元賣出（$61,158.37）

　　　　　　　　　　虧損　$2,795.13

二千股的布倫斯威克（Brunswick-Balke-Collender）

以55.5元買進（$111,891.00）

以53.5元賣出（$106,443.46）

虧損　$5,447.54

二千股的雷神（Raytheon）

以60.5元買進　（$121,901.00）

以57.75元賣出（$114,823.69）

虧損　$7,077.31

二千股的國家研究（National Research）

以24.5元買進（$49,625.00）

以22元賣出　（$43,501.52）

虧損　$6,123.48

四千股的美國金屬—頂點（American Metals-Climax）

以32.875元買進（$132,917.60）

以31.625元賣出（$125,430.47）

虧損　$7,487.13

三千股的美國汽車（American Motors）

以41.25元買進（$124,938.90）

以40元賣出　（$119,094.60）

虧損　$5,844.30

二千股的鉬業公司

　　以49.5元買進（$99,875.00）

　　以47.5元賣出（$94,352.50）

　　　　　　　　　　虧損　$5,522.50

二千股的雪倫鋼鐵（Sharon Steel）

　　以48.25元買進（$97,362.60）

　　以43.25元賣出（$85,877.27）

　　　　　　　　　　虧損　$11,485.33

一千股的華納朗伯（Warner Lambert）

　　以98.5元買進（$98,988.50）

　　以95.5元賣出（$95,127.09）

　　　　　　　　　　虧損　$3,861.41

一千股的路肯鋼鐵（Lukens Steel）

　　以88元買進（$88,478.00）

　　以81元賣出（$80,640.48）

　　　　　　　　　　虧損　　$7,837.52

　　　　　　　　總虧損　$96,588.66

看過這個令人沮喪的表格後，你應該知道為什麼每次我看到股票都會發抖了吧？

　　問題的癥結在於我讀太多東西，又試圖做太多事。這就是為何我會那麼快就落到即便看著股票市場報價，卻完全抓不到任何感覺的地步。不久後，更糟的情況發生了。我擺脫不掉永無止盡的虧損、被困惑所驚嚇，同時受謠言所折磨，到最後，我甚至不敢看任何數字，我的協調感完全瓦解。我曾經花一整天鑽研無數欄的數字，我的眼睛嚴密地掃瞄著，卻無法吸收那些數字。我的心靈被蒙蔽，再也無法分辨那些數字的意義。到這個最後階段，我真的嚇壞了。我覺得自己像個因爛醉而脫離現實的人，而且我找不出原因。

　　經過災難般的幾個星期，我坐下來冷靜檢視為何這一切會發生在我身上。為何我在香港、加爾各答、西貢和斯德哥爾摩時可以有感覺，但在距離華爾街僅半英里遠之處，卻失去這個感覺？差異在哪裏？

　　這個問題並沒有簡單的答案，所以，我有很長一段時間都感到非常沮喪。接下來，有一天，我枯坐在廣場酒店裏，遲遲不敢打任何電話，這時，我突然頓悟了一些事。當我在國外時，不僅沒有到過任何交易室，沒有和任何人談話，沒有接到任何電話，更沒有時時盯著即時報價。

　　我隱約感覺到解決的方法，但最初我並不相信真有那麼容易。這個方法很簡單，但卻很不尋常，所以，我幾乎無法

相信它會有效果。它是：我的耳朵是我的敵人。

　　它就像神的啟示，它讓我頓悟到，在海外時，因為沒有干擾或謠言，完全不受情緒或自尊的影響，所以我可以冷靜且不偏頗地評估市場或少數幾檔我有興趣的股票。

　　我完全是根據每天的電報來操作，這讓我保有洞察力。它讓我看出我的持股的表現如何。而由於我沒有見到或聽到其他事物，所以根本沒有其他影響力會干擾我。

　　但在紐約，情況則完全不同，我的耳朵充斥著干擾、謠言、恐慌、彼此矛盾的資訊。這導致我將自己的情緒投入這些股票，冷靜和客觀已離我而去。

　　我研判這個問題只有一個解答。我必須試著找回我自己。在虧掉所有的錢以前，我必須立刻出走，遠離紐約。

　　在這段期間，有一件事拯救了我，這件事讓我免於完全被毀滅。那就是環球控制和西歐科的表現依舊良好，而且我都沒有理會它們。此刻我才體認到，那完全是因為我太忙了，根本沒有時間管它們。我一直忙著交易其他股票，但那些股票卻讓我虧不少錢。

　　我檢討當時的情況，並出清這兩者以外的所有股票。接下來，我搭飛機到巴黎。不過，在我離開前，我做了一個很重要的決定。我指示我的營業員，絕對不能打電話給我，也

不能以任何藉口為我提供任何種類的資訊。我希望我和他們及華爾街之間的唯一聯繫，就是往常的每日越洋電報。

我茫然地在巴黎街頭閒晃，腦子裏依舊充斥著模糊又沒有意義的股市報價。每天的電報一如往常的抵達，但對我來說，這些越洋電報卻沒有太大意義。我已完全失去我的感覺，就像一個剛剛經歷嚴重意外且感覺自己永遠無法復原的人。我已經徹底洩氣。

接著，就在我認為我將永遠停留在這個狀態之際，有件事發生了。我到巴黎兩個星期後，有一天，我在我下榻的喬治酒店內拿起越洋電報。當我無精打采地掃視裏面的內容時，不知為何，這些數字突然變得不是那麼模糊。最初，我根本不敢相信我的感覺，我凝視著這些數字，好像從未見過它們一樣。我擔心這只是我自己的想像。

我急切地等待著次日的越洋電報。收到電報時，一切豁然開朗，我覺得上面的數字更加清晰，更加熟悉，就好像面紗被拉起一樣，我的眼前又開始浮現一些形象，讓我開始對股票的未來產生了一些個人的觀點。

接下來幾天，我感覺電報的內容變得愈來愈清晰，我開始能像以前的自己那樣解讀這些報價了。我再度能分辨出某些股票比較強，某些比較弱。在此同時，我的「感覺」開始

回來了。我像個病人般漸漸地恢復了信心。我的勇氣也逐漸恢復到足以讓我試著再度接近市場的程度。

不過，我也受夠了教訓，所以，我決定設下一條永遠不變的規定：絕對不准再拜訪券商的辦公室。另外，我的營業員也一定不准打電話給我。我只能藉由越洋電報的方式取得股票報價，除此之外，一律不准。

即使我回到紐約的飯店──那個距離華爾街僅僅幾分鐘計程車車程，卻讓我經歷悲慘交易結果的地點──我的指示也絕對不會收回。我必須把華爾街放在離我幾千英里遠的地方。每天，我的營業員都必須當作我是在香港、喀拉蚩或斯德哥爾摩，發電報給我。

另外，除非我提出要求，否則營業員也不能自作主張提供任何股票報價給我。他們不能跟我談論任何新股，因為那些談話內容又會立刻形成謠言，我要回到以前，閱讀金融週報，自己從中選擇一些新股票。當我發現讓我感興趣且好像即將上漲的股票，我自然會要求他們提供報價。我一次只會要求對方提供一個新報價。接著，我會像以前一樣，先謹慎研究過後，再決定是否值得介入這檔股票。

就像一個剛剛安然度過墜機事件的生還者，他知道若不立刻再坐上飛機，一定會失去膽量，而我也知道，只有一個

方式能讓這個方法變得更加簡單。我訂了返回紐約的飛機，
踏上歸途。

第 10 章

二百萬美元順利落袋

我在一九五九年二月份的第三個星期回到紐約，那時我已經完全從那段瘋狂的日子復原，再度開始投入市場。

我依舊能感覺到當時的愚蠢對我所造成的傷痕，不過，我像個剛經歷過悲慘境遇，但卻覺得自己愈來愈強大且愈來愈健康。我已經上過最後一堂課，現在的我清楚知道，一定要嚴謹遵守我為自己精心打造的系統。我也知道一次都不能再偏離這個系統，否則將會遇上大麻煩，屆時這整個財務結構將立刻陷入危機，就像一間用卡片建成的房子，一旦崩塌就不可收拾。

我回到紐約後的第一個行動，就是在我的周遭建立起一道鐵圍籬，以確保我不會重蹈覆轍。

首先，我決定把我的買賣單分散給六個營業員，這樣一來，就不會有人跟著我操作。設下這些障礙的目的是為了避

免他們對我造成任何潛在干擾。這是一種自我保護，迄今我依舊沿用這個方法。

我的做法是這樣的：我要求營業員在華爾街收盤後發出他們的電報，所以，我在下午六點就可以收到電報。我大約此時才起床，這是多年來從事夜總會表演所養成的習慣。在此同時，我指示電話轉接員不能把任何電話轉給我。

在這種情況下，華爾街有可能在我睡覺時發生任何事情，但他們在工作時，我在睡覺，所以，他們找不到我，也不會對我造成困擾。一旦發生什麼意料外的情況，我的停損單自然會代表我處理一切。

晚上七點，我開始「上工」，研究每天的電報，並決定未來將如何操作。在做決定以前，我會先買一份有刊登華爾街收盤價的晚報。我會撕下當日股票報價的版面，接著直接把金融版面的其他內容扔掉。我不想閱讀任何金融報導或評論，不管內容有多麼真實，我都不看，因為這些報導可能會導致我脫序。

接下來，當華爾街漸漸沉睡之際，我則開始利用我的電報和報紙的幾個版面埋頭工作。

在我忙著修復受傷的自信心的那幾個星期，我尚未賣掉的那兩檔股票繼續上漲。環球控制公司的漲勢幾乎不受干

擾，最後，它漲到60元左右。從我上一次到紐約迄今，它已經上漲了超過40%。西歐科的表現也一樣好，現在股價已經被推升到110元以上。

這真的讓人覺得大有可為。我決定，沒有任何理由動這些股票。在過去那段苦澀經歷以及堅固的新圍籬的保護與隔絕之下，我開始用一種審慎自信的態度再度介入市場。以下是我陸續成功完成的一些操作：

一千股的通用輪胎與橡膠

　　　56元買進　（$56,446.00）

　　　69.5元賣出（$69,151.01）

　　　　　　　　　　　　獲利　$12,705.01

一千股的三科儀器（Cenco Instruments）

　　　19.5元買進（$19,775.00）

　　　23.5元賣出（$23,247.63）

　　　　　　　　　　　　獲利　$3,472.63

五百股的美國影印公司（American Photocopy）

　　　71.5元買進（$35,980.75）

　　　79.5元賣出（$39,570.92）

　　　　　　　　　　　　獲利　$3,590.17

一千股的加州聯合石油（Union Oil of Calif.）

46元買進（$46,420.00）

50元賣出（$49,669.00）

獲利　$3,249.00

五百股的寶麗萊（Polaroid）

121元買進（$60,755.50）

127元賣出（$63,299.08）

獲利　$2,543.58

五百股的布倫斯威克

71.25元買進（$35,855.65）

77元賣出　（$38,322.08）

獲利　$2,466.43

五百股的貝爾與霍威爾（Bell & Howell）

93元買進　（$46,741.50）

99.25元賣出（$49,436.81）

獲利　$2,695.31

不過，畢竟這是股票市場，所以我並不是每次交易都成功。我買的很多股票並未像我所預期的表現那麼好。以下是

幾筆以虧本收場的交易：

一千股的三科儀器

23元買進（$23,300.00）

22元賣出（$21,755.76）

虧損　$1,544.24

五百股的李奇霍德化學

65元買進　（$32,727.50）

63.75元賣出（$31,703.17）

虧損　$1,024.33

一千股的芬恩鋼鐵（Fansteel）

63.5元買進（$63,953.50）

62元賣出　（$61,657.96）

虧損　$2,295.54

五百股的費城與閱讀（Philadelphia & Reading）

131元買進　（$65,760.50）

129.75元賣出（$64,672.79）

虧損　$1,087.71

　　這兩個表格徹底印證我的方法是有效的。你將會注意到，以投入資金的比例而言，我每一次的利益都比虧損多。記住，這些操作全都是以紐約寄到紐約的電報來進行。我從未和我的營業員見面或談話。當我的某些持股在盤中表現不穩定，並像垂死的鳥兒般向下墜落之際，他們必定很想拿起電話來警告我。他們鐵定認為我是天字第一號大傻瓜，才會禁止他們打電話通知我這些事。不過，我的原則非常嚴格，我每天總是在下午六點鐘收到電報後才聽新聞——無論好、壞。再來，我才會採取行動。

　　我在紐約以這個方式交易了幾個星期後，環球控制公司突然出現了一些警訊。它開始不再像以前一樣，穩定地向上攀升。它的波動與價格漲幅變得非常狂野——老實說，太過狂野。

　　這代表它開始有一點問題，而且問題遲早會來。從三月的第一個星期自66元起漲後，這一檔股票在三個星期之內飆漲到102元，此時，它的動能出現轉變，開始朝另一個方向前進（下跌）。我一點都不喜歡它下跌的方式。它好像陷入一個空中氣渦般快速下跌，而且似乎完全沒有上漲的跡象。我幾乎確定好日子已經結束。如果我不謹慎一點，我可能會在暴跌的行情中受創，所以，我把停損點提高到距離那

一天收盤價二元以內的位置。隔天早上，我的環球控制部位完全被出清，售價介於 86.25 元到 89.75 元之間。這已經比高點低 12 元以上。不過，這樣我已經很滿足了，我沒有理由不開心。我投資它好一段期間了，而且總售價為 524,669.97 美元，它讓我獲利 409,356.48 美元。

現在，我有非常大的資本可以投資，我謹慎觀察市場，像往常一樣，尋找交易熱絡的高價股。但此時，另一個問題出現了，適合的股票愈來愈難找。由於要投資的金額非常大，所以，我必須很謹慎，不能草率行事，否則我的買進動作將對市場產生無謂的影響。

經過努力搜尋，我在偶然之間發現了一檔股票，它滿足所有嚴謹的要求，它是德州儀器。

四月的第二個星期，我先以 94.375 元的均價買進最初的二千股，接下來，再以 97.875 元買進一千五百股。隨著股票繼續維持優異的表現，我又加碼了二千股的持股。最後一次買進的均價是 101.875 元。沒錯，這牽涉到非常大的資金，事實上，總金額超過五十萬美元。德州儀器的詳細買進內容如下：

94.375元買進2,000股	$189,718.80
97.875元買進1,500股	$147,544.35
101.875元買進2,000股	$204,733.80
合計5,500股	$541,996.95

現在，我已把從環球控制公司收回的資金又重新投資到市場，接著，我再度把全副的注意力轉向西歐科。

現在西歐科已經成為我的長期戰友，而且像所有長期盟友一樣，我們之間存在一種特殊的關係。我向來允許西歐科可以擁有比其他股票更大的波動空間，這有一部分是因為我對它真的很有「感覺」，也因為特殊認購帳戶讓我享受了很大的優勢。

任意放棄這麼一個獨一無二的信用額度安排真的很愚蠢，所以，我的移動停損點向來設在距離成交價非常遠的位置。我從來不會如此對待其他股票，不過，以西歐科的案例來說，這個方式讓我有兩次免於被洗盤出場。第二次是發生在四月的第一個星期，當時股價出現非常嚴重的回檔。這一波回檔是因為該公司宣布一股分割為三股的股票分割計畫。那一波回檔非常深，我一度以為我和它將就此分道揚鑣了，不過，我後來決定讓我的停損機制來決定它的去留。

　　後來，股價沒有觸及停損點，而且在大跌魔咒之後，隨即又出現強力的大漲走勢。不過，我並非唯一鍾情於西歐科的人。剛剛完成分割的股票獲得大眾的熱烈迴響，股價在五月的第一個星期衝高到72元。

　　市場的反應實在太過熱烈。這衍生了一個瘋狂的情境：

　　它那一週的交易活動熱絡到不可思議，成交量大增到549,400股。

　　那個星期，它的股價大漲了13.25元。

　　而這些成交量代表著四千萬美元的總成交值。

　　也就是說，一個星期的價格差異高達七百萬美元。

　　當時的情況看起來，好像紐約股票交易所的所有交易員一整個星期都沒做別的事，只忙著殺進殺出西歐科股票。

　　當然，這種熱潮不可能持續下去。紐約股票交易所的首長們決定暫停所有停損單，這導致多數交易員不再碰這檔股票，因為他們不會買進或賣出一檔無法設定自我保護機制的股票。這也意味我也自動被迫退出這一檔股票，他們拿走我最強大的工具，而沒有了它，我沒辦法做事。

　　我以均價68元賣掉我的西歐科持股。在經過一股分割為三股後，這些股票讓我原始的六千股股票的價值上升到約當每股超過200元。我先前一共支付了350,820美元的成

本，現在，分割後的一萬八千股股票讓我收回 1,212,851.52
美元。我的獲利高達 862,031.52 美元。

　　要把一百萬美元再次投入市場是一個很大的問題。我必
須加倍謹慎才行。這些資金量太大，所以無法輕易地從一檔
股票轉持另一檔股票。由於總金額很大，所以，我的買進動
作勢必會影響到市場。

　　另外，我也必須面對我的停損機制可能無法繼續運作的
事實，因為沒有任何一個交易員或特許證券交易商願意在短
短幾秒鐘之內吸收那麼大量的股票。

　　我現在只有一條路可走：我決定把資金分為兩個部分。
下定決心後，選股就相對簡單多了。我只需要在四檔股票
中做決定就好：詹尼斯無線電（Zenith Radio）、利頓工業
（Litton Industries）、飛兆相機（Fairchild Camera），以及貝
克曼儀器（Beckman Instruments）。

　　我已經注意這些股票很久了，它們全都符合我的技術面
與基本面並重理論的條件。現在，剩下的就是看看我應該選
擇哪兩檔了。這時只有一個方法可以用，那就是讓這些股票
在市場上的強弱勢來決定它們的去留。

　　由於我過去使用在環球控制與西歐科股票的方法成效非
常好，所以，我在一九五九年五月十三日分別少量試單買進

這四家公司的股票：

104元買進五百股的詹尼斯無線電　（$52,247）

66元買進五百股的貝克曼儀器　　（$33,228）

128元買進五百股的飛兆相機　　　（$64,259）

112元買進五百股的利頓工業　　　（$56,251）

我針對每一檔股票都設定了低於買進價10%的停損單。

我當然知道這些停損單設得過於籠統而且太過機械化。不過，這是一個蓄意但有點愚蠢的方法。由於我知道這個方法遲早會淘汰掉四檔股票中最弱的幾檔，所以，我是故意要使用這個系統的。

在五月十八日當天，我的貝克曼儀器持股被以60元停損掉，接著在五月十九日，我決定賣掉利頓工業，因為它的表現比其他股票弱，我是以106.25元賣出。現在，我開始調整剩餘股票的停損價格。

五月的第四個星期，我成功地把一百多萬美元轉進這兩檔比較強勢的股票。我的總買進紀錄如下：

詹尼斯無線電

104元買進五百股	$ 52,247.00
99.75元買進一千五百股	150,359.70
104元買進一千股	104,494.00
105.25元買進一千股	105,745.30
107.5元買進一千五百股	161,996.25
合計五千五百股	$574,842.25

飛兆相機

128元買進五百股	$ 64,259.00
123.25元買進一千股	123,763.30
125元買進一千股	125,515.00
126.25元買進一千股	126,766.30
127元買進一千股	127,517.00
合計四千五百股	$567,820.60

短期的交易不算，我把資金從某些股票轉到其他股票的過程如下：

1959年3~4月

賣出環球控制	$ 524,670	
買進德州儀器		$ 541,997

1959年5月

賣出西歐科化學	$1,212,850	
買進詹尼斯無線電		$ 574,842
買進飛兆相機		$ 567,821
收入合計	$1,737,520	
融資負債	274,600	
	$1,462,920	
因先前操作而得的可用現金	70,000	
可供再投資之資金	$1,532,920	
再投資資金合計（90% 融資自備款）		$1,684,660

當時我有六個營業員，我把其中三個帳戶關閉。接下來，我好整以暇，靜待我持有的股票表現給我看。對我來說，德州儀器、詹尼斯無線電與飛兆相機已經在為我工作，我什麼事也不用做。

六月時，電報持續在廣場酒店和華爾街之間往返。對西部聯盟（Western Union）的接線生來說，這些電報根本毫無

意義，但對我來說卻意義非凡。舉個例子，六月九日當天，
我收到以下內容的電報：

「Z 122.5（124-116.75）T 119.25（121.5-117.25）
F 125（126-121）」

隔天的電報內容則是

「Z 132.375（132.5-125）T 123.75（123.875-120.375）
F 130（130-126.5）」

對接線生來說，這些內容像是無聊且沒有意義的象形文
字，不過，對我來說卻意義重大。這些內容讓我知道我的持
股單單在那一天就增值了十萬美元。

接著，我開始過著一種奇怪的生活。每天晚上，我在廣
場酒店裏解讀我的電報，並將之歸檔，接下來就沒事可做
了。我感到得意洋洋，一刻都靜不下來，卻也有點無力感。
我像個經過多年努力與研究，最後終於成功發射了一枚火箭
上月球的科學家，看著火箭愈飛愈高，雖然非常有成就感，
但同時也產生一種無所事事的奇怪失落感。

我和那個科學家一樣，在場邊監視著我的股票像製造精
良的飛彈般持續穩定的上漲。

　　接下來，在七月一日早上，我接到一份邀請，有人請我到蒙地卡羅的「運動俱樂部」登台。我欣然接受這個機會。經過先前那段傷透腦筋與恐慌的日子，「以不變應萬變」的日子開始讓我感到有點厭倦。

　　在離開紐約前，我做了點安排，我要求營業員來見我。我和他們一一核對我的帳戶。我發現如果我在飛往歐洲以前賣掉所有股票，可以收回超過二百二十五萬美元的資金。

　　這個消息給我什麼感覺？樂不可支嗎？因為自己現已成為擁有兩百多萬美元財富的富翁而感到興奮嗎？其實並不盡然。我很開心，不過並不興奮。當初透過迪諾俱樂部賺到第一筆十萬美元時，感覺比現在興奮多了。這一次，我覺得自己好像一個勤奮接受訓練，卻也因為很多挫折而吃盡苦頭的跑步選手，慢慢地跑向勝利的終點。

　　那時，我也再度面臨一個我早就已經歷過的兩難：我應該賣出嗎？我應該完全出場嗎？

　　這一次，答案非常簡單。這是一個經過多次考驗且可以信賴的答案：沒有任何理由賣掉一檔正在上漲的股票。我要繼續順著趨勢向上，隨時根據市價提高我的停損點。當趨勢向上時，我要買更多股票，如果趨勢反轉，我就會像往常一樣，像被驚動的小偷，一溜煙逃跑。

　　我針對所有持股設定了新的停損點，這樣一旦股價在我前往歐洲的途中意外下跌，我就能賣掉股票，保住我的二百萬美元。

　　和營業員們道別後，我坐上第五大道上的某部計程車，此刻的我感到心滿意足且篤定。

　　我走進廣場酒店的大廳，習慣成自然地買了一份晚報，撕下華爾街日報上的收盤價，把其他報紙丟掉，接著去拿我下午六點鐘的電報，走進電梯。

　　我在房裏打開電報，攤開報紙上的表格，躺向椅背，並快樂地舒了一口氣。不僅因為我坐擁二百萬美元，更因為我正在做我最愛做的事。

　　我喜歡在華爾街沉睡時工作。

《時代雜誌》的專訪

　　一九五九年五月，自從史密斯兄弟以一檔名為布理蘭的加拿大股票作為我的酬勞迄今，已過了六年半了。時間的巨輪好像轉了整整一大圈，因為我和當時一樣，再度回到紐約的「拉丁區」夜總會登台表演。

　　不知為何，我的股市操作故事開始在華爾街傳開來。我操作成功的消息被洩露出去，並逐漸開始流傳。

　　有一天，我很意外地接到一通來自《時代雜誌》（*Time*）商業版的電話。他們說他們耳聞了我在市場上的成功故事，並問是否可以派一個記者來採訪我。

　　隔天，他來了，而我也把我賺到這些財富的經過，一五一十地全都告訴他。我讓他看我的帳戶，我的報表和我的越洋電報。他謹慎地檢視這些東西，離開時，他說我的故事讓他印象非常深刻。

　　隔天他又回來找我，他告訴我，在他們公司的商業專家
非常懷疑故事的真實性。他們表示這個故事不可能是真的。

　　我一點也不感到意外，所以，我再度一一向他述說所有
事實與數字。他花了好幾個小時研究這些內容，最後當他離
開時，他好像已經相信那些內容是正確無誤的。

　　不過，我後來才發現，這只是最初期的小爭論而已。隔
天早上，他打電話問我是否可以和我共進午餐。距午餐時間
一個半小時前，他再度來電，說他要帶一位資深編輯同行，
那位資深編輯想自己檢驗整個故事的真實性。

　　他們在一點鐘時抵達，與我共進午餐。我再度一五一十
地詳述整個投資的經過。這位資深編輯的興致非常高昂，以
致於完全沒有碰他的餐點。

　　四點鐘時，他在聽完整個故事後，吃了一個三明治。五
點鐘，他和那位記者一同離開。他雖沒有作任何評論，不
過，顯然我讓他印象非常深刻。我從未見過一個人的興致可
以那麼高昂。

　　那天傍晚六點，我又接到另一通電話，這次是《時代雜
誌》裏的一個華爾街專家打來的。他說除非有三個《時代雜
誌》員工共同擔保有見過我，而且檢驗過所有事實，否則總
編輯不允許刊登這一篇報導。讓我驚訝的是，這位專家還堅

持要看我表演舞蹈。顯然那位總編輯不僅懷疑我在股票市場上的成就，也不認為我會跳舞。

這位專家在七點鐘抵達。最初，他對我向他述說的所有故事和我提出的所有股票操作證據都搖頭表示懷疑。他看起來好像下定決心要懷疑我的一切。

當茱利亞和我在舞台上出現，他看起來好像被我們的舞蹈所感動，至少有那麼一點眉目了！三天來，反覆遭受這種交叉檢驗，已經讓我開始感到有點氣餒。也因如此，我覺得我的狀況不是很好，到表演將結束時，我因一場要費力舉起舞伴的表演而嚴重傷到了右臂肌肉。不過，我還是完整呈現了這場表演。

我帶著劇痛的手臂，坐下來繼續和這位華爾街專家進行這場一絲不苟的理財交叉檢驗。

這場談話又持續進行了幾個小時，他一直重複問我一個問題：為何我願意那麼慷慨地談論我的股票交易經驗？

我回答，那是因為我對自己的成就非常自豪，我覺得我無須隱瞞任何事。

時間過了午夜，但在這段期間裏，這位「審問官」連一杯酒都沒碰。他坦承他是想保持清醒的頭腦，以便從我的系統或紀錄中找出一絲破綻。

接下來，清晨兩點鐘，他丟下手上的原子筆，並說：「我們來喝一杯吧，」他最後一絲的懷疑已經一掃而空，完全被我說服了。他推了推眼鏡，敬我在市場上的成就。

他在清晨四點鐘離開，不過，離開前，他請我給他一點忠告。我確實給了他一個建議。我告訴他買進某一檔股票，不過，唯有當股價上漲到39.75元以上才可以進場，同時我告訴他應該在38.5元設停損。我希望他沒有漠視這個忠告，任意在更低價格買進這檔股票，因為它從未站上39.75元，反而跌到22元！

隔一個星期，這篇文章出現在《時代雜誌》上，當然，這份雜誌擁有非常有影響力的讀者群，尤其是在金融圈。結果，多數（但非全部）金融界大師都同意儘管我不是科班出身，但卻是一個非常成功的股票投資人。而這也成就了這本書。

另一個結果是，我的肌肉嚴重受傷，一個醫生告訴我，我可能必須完全停止表演事業。他甚至認為我無法再舉起我的舞伴。

兩個星期後，我在舞台上呈現相同的表演。我的表現一如往常，這也許證明醫療專家有時候也可能像華爾街專家一樣做出錯誤的判斷。

電報

　　達華斯長達兩年的世界巡迴舞蹈表演，使他不得不完全仰賴越洋電報作為他和華爾街之間的聯繫工具。儘管這造成很多不便，但這些不便反而成為他最終得以在股票市場獲得成就的投資方法的重要一環。

　　以下是實際越洋電報的複本，這些電報說明了他如何能夠從世界上的任何一個角落處理他的股票操作。當中包含幾個不同階段的典型交易案例。

　　達華斯曾指示他的營業員，當他想知道某些股票的報價時，對方只需要寫出股票名稱的第一個字母。這些訊息有點類似密碼，所以也導致他在和越洋電報單位的人員交涉時，經常遇到困難。

　　這封越洋電報是他在巴基斯坦的喀拉蚩時收到的，營業員通知他，已為他執行一筆到價買單。在此同時，電報中也列出達華斯那時感興趣的其他幾檔股票的當天收盤價、高價與低價，這些股票是西歐科化學、寶麗萊、環球控制與利頓工業。

　　當達華斯下買單時，他通常會寫出股票的全名。下面這封越洋電報是他從印度支那的 Phnompenh 發出的，他是要傳達以 7.25 元買進五百股三科儀器（Cenco），和以 31.25 元買進二百股羅瑞拉德股票的「除非取消，否則永遠有效」到價買單等指示。他同時自動針對這兩者下了停損單（分別是 6.125 和 29.625 元），這是他的習慣。此外，他也讓營業員隨時了解他下一次變更地址的日期，同時要求對方提供三科、赫茲（Hertz）、西歐科和羅瑞拉德的當天收盤價。

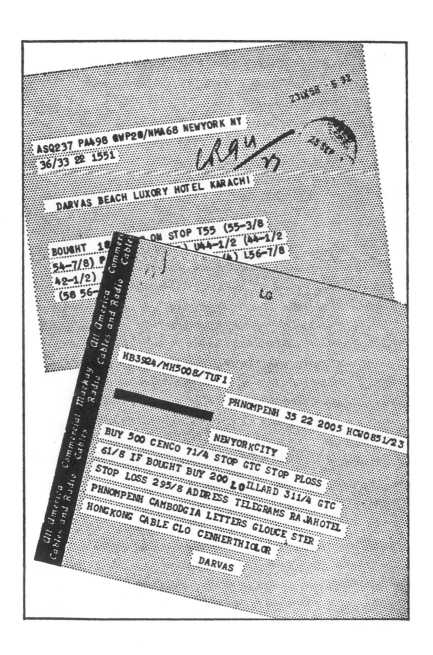

由於達華斯幾乎每下一筆買單，都會自動附加一個停損單，所以經常會有在同一天內買進並賣出同一檔股票的情況。最上面這一封越洋電報是在巴黎收到的，對方通知他買進五百股的某一檔股票，但後來因股價跌破他的停損點53.875元，所以股票已被賣出。另外，對方也向他確認另一筆買單已成交，同時提供波音、利頓工業與其他數檔股票的當天報價。最後一個數字代表當天道瓊工業平均指數。

達華斯經常根據他的每日報價資訊修改或取消買賣單。中間那一封越洋電報是他從日本名古屋發出，內容是指示他的營業員提高先前的迪諾俱樂部買單的數量，不過，後來他完全取消這筆買單。

除了每天的電報以外，達華斯和華爾街之間的唯一聯繫是《霸榮》雜誌，每個星期雜誌一出刊，就會馬上以航空郵遞的方式寄給他。最下方的越洋電報是他從印度支那的西貢發出，這封電報充分顯示他十分仰賴這份理當定期寄來給他的刊物。

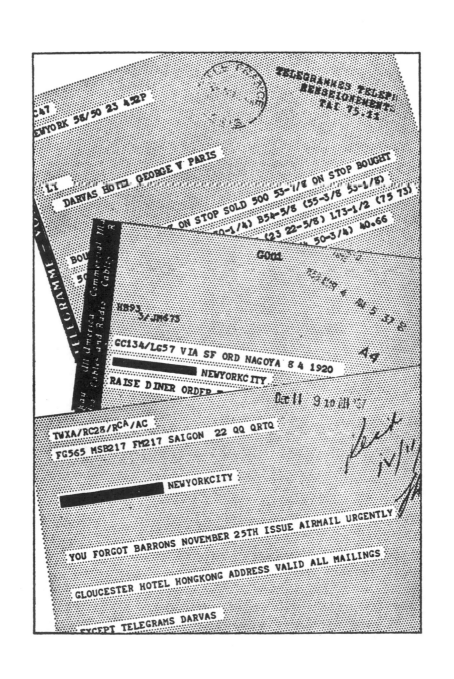

CA7
NEWYORK 58/50 23 4:2P

TELEGRAMMES TELEPH
RENSEIGNEMENT-
TAI 75.11

LY

DARVAS HOTEL GEORGE V PARIS

ON STOP SOLD 500 53-1/8 ON STOP BOUGHT
40-1/4) B5A-5/8 (55-3/8 53-1/8)
(23 22-5/8) L73-1/2 (75 73)
50-3/4) 40.66

BOU
50

Gott.

MS93
3/JM675

GC134/LG57 VIA SF ORD NAGOYA 8 4 1920

NEWYORKCITY

RAISE DINER ORDER

Oct 11　9 10 川 '57

TWXA/RC28/RCA/AC
FG565 MSB217 FM217 SAIGON 22 QQ QRTQ

NEWYORKCITY

YOU FORGOT BARRONS NOVEMBER 25TH ISSUE AIRMAIL URGENTLY

GLOUCESTER HOTEL HONGKONG ADDRESS VALID ALL MAILINGS

EXCEPT TELEGRAMS DARVAS

　　達華斯向來都擔心會在轉機中途錯過一些通知他應即刻採取行動的重要越洋電報。當他發現他可以指示營業員一次發出幾份電報副本到他要轉機的機場和他將入住的飯店後，這個問題就迎刃而解了。

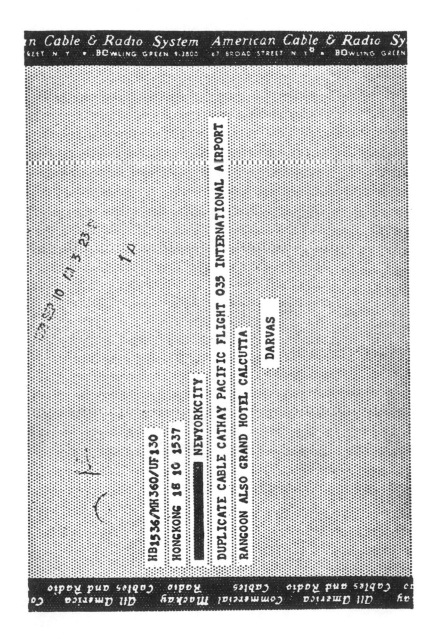

American Cable & Radio System American Cable & Radio Sy
47 BROAD STREET N.Y. • BOWLING GREEN 9-2800 47 BROAD STREET N.Y. • BOWLING GREEN

HB1536/MH360/UF130

HONGKONG 18 10 1537

NEWYORKCITY.

DUPLICATE CABLE CATHAY PACIFIC FLIGHT 035 INTERNATIONAL AIRPORT

RANGOON ALSO GRAND HOTEL CALCUTTA

DARVAS

All America Commercial Mackay Cables All America Cables and Radio
Cables and Radio Radio Cables Radio Cables and Radio

　　到價買單不見得每次都能全部以同一個價格成交。根據市場的情況，買單是以指定買價或更高的價格，每次撮合幾百個單位。

　　根據這份在尼泊爾加德滿都收到的電報，達華斯買進五百股帕密利運輸（Parmelee Transportation）的買單是以兩個價格成交：其中四百股是以33.5元成交，一百股是成交在33.75元。這一檔股票當天以34.125元做收，波動區間為34.5元至32.625元。

　　達華斯表示，這份越洋電報相較於他到印度大使館領取的其他很多手寫訊息而言，簡直是清晰明瞭得不尋常，當時印度就只能透過這個大使館保持對外的電報聯繫。那一天帕密利、西歐科、環球控制、飛兆相機和利頓工業的報價再清晰也不過。至於最後一檔股票，達華斯目前已看不出那是哪一檔股票，不過，當時他應該知道它代表什麼。

INDIAN POSTS AND TELEGRAPHS DEPARTMENT

XF 1455 R

TO DAXVAS royal Hotel Kathmandu Nepal =

Bought 400 Pte 33-1/2 100 33-3/4 on
stop P34/18 (34-1/2 32-5/8) # 754-1/2
(54-7/8 53-1/8) 440-5/8 (40-3/4 40-3/8)
(33-3/4 (34 33-1/4) 458-3/8 (59-26 57-1/2)
52-1/4 (52-1/2 49-1/4) $20.43 =

　　達華斯通常都是在參考《霸榮》雜誌上的個股走勢紀錄後，才會開始對某檔特定股票感興趣。因為這份刊物到達他手上時已經延遲好幾天，所以他必須藉由電報來了解某一檔股票最近幾天的表現。

　　他在香港時，第一次注意到某家小型公司的交易量異常，於是，他從當地發出了這份越洋電報，要求營業員提供「艾爾布魯斯這個星期的波動區間與收盤價」。他當時幾乎想不到他純粹根據技術面因素所選上的股票，會讓他賺進大約三十萬美元的利潤。

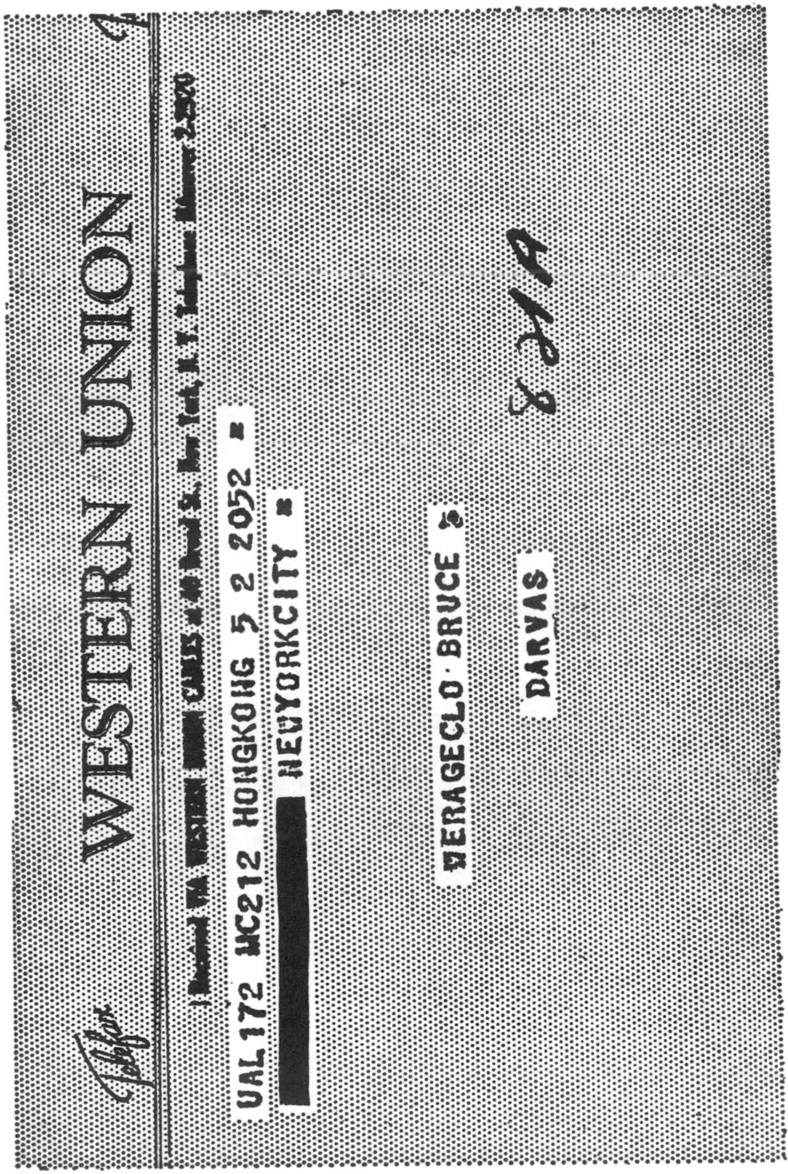

　　每當達華斯感到一檔股票的每日報價正依循他的理論所要求的型態波動時，他通常都會以試水溫的方式，買進少量的股票。他總是要等到實際上持有股票後，才能真正「感覺」到一檔股票的未來走勢。由於達華斯的營業員可以在「除非取消，否則永遠有效」的基礎上全權為他處理到價買單，所以他在試單時，通常都會具體地下一個「當日有效」（意指過了當日即失效）的買單。

　　這封電報是從新德里發出，指示對方以47.25元買進二百股的西歐科化學。這筆試單的成果斐然，最後達華斯光是賣掉這一檔股票，就收回了超過一百萬美元。

　　達華斯也藉機在這一封越洋電報裏提高環球產品買單的數量，不過，他後來隨即取消，因為他覺得時機尚未成熟。不過，在接下來四個星期，他還是買了三千股的該公司股票。

　　最後一個要求是請對方提供東方不銹鋼公司（Eastern Stainless Steel）上一週的價格區間。

WESTERN UNION

LNL344/KA615 NEWDPHI 17/15 12 1530 =

NEWYORKCITY =

RAISE UNIVORD TO 1000 BUY 200 THKOL 47-1/4 DAYORD ADD
LASTVERAGE EASTESTAIN +

DARVAS

　　達華斯在試單買進一檔股票後，會持續觀察股價走勢，如果價格型態看起來將維持原有走勢，他就會繼續接著加碼買進。

　　在這份發自日本神戶的越洋電報中，他發出對羅瑞拉德的第三筆買單──買進二百股。達華斯買進的這些股票，為他建立了投資金字塔的基石，因為他的投資在接下來十八個月內成長到二百萬美元以上。

RCA/TWXC9 2J FB4372

JR XT2797

KT1275/GX609 VIA SF KOBE 27 2 1844

█████████████ NEWYORKCITY

BUY 200 LORILLARD 36-1/2 CONTINUE LAST WEEKS CABLES ALL WEEK

STOP NEW CABLE ADDRESS KYOTO HOTEL KYOTO JAPAN STOP MAILING ADDRESS

REMAINS NIKKATSU

                    DARVAS

END

SENT 920AM EST ,

REC OK THNX

　　隨著資金持續增加，一旦達華斯對某一檔股票有十足的把握，他投入這檔股票的金額也會隨之增加。在以35.25元試單買進環球產品三百股後，這檔沒沒無聞的股票一直都維持既定的走勢，這讓達華斯非常滿意，所以他又加碼了兩次，共買進了一千二百股。

　　這一份越洋電報是通知他，他的到價買單以指定價格36.5元成交，同時也提供環球公司當天的波動區間與收盤價。

　　另外，上面還有漢莫石油（Humble Oil）、東方不銹鋼、利頓工業、西歐科和飛兆相機等公司的報價，其中最後一檔股票只用「28元」表示。3.58代表道瓊工業平均指數為503.58點。

GOVERNMENT OF INDIA

OVERSEAS COMMUNICATIONS SERVICE

THE FIRST LINE OF THIS TELEGRAM CONTAINS
THE FOLLOWING PARTICULARS IN THE ORDER NAMED.
| Received at NEW DELHI

BN279/PK131 T1918 NEWYORKNY 37/31 19 1514 ·

DARVAS IMPERIAL HOTEL NEWDELHI ·

BOUGHT 1200 U36 1/2 U36 3/4 X37-7/8 35-3/8X

H68-3/4 X69-1/8 68-3/4X E49-1/4 X49-1/4 48X

L70-3/4 X71-1/2 70-1/2X T48-1/8 X48-3/8 47-3/4X

F28 3 ·58 ·

INWARD
OCT

INITIALS

TIME
RECD

　　達華斯在投資一檔股票後，總是會隨著股價的上漲，謹慎地移動他的停損點。股價和停損點之間的關係非常有彈性，因為這取決於很多不同變數。

　　一九五八年四月初，他人在香港，當時他對迪諾俱樂部的表現開始感到不安，在此之前，這一檔股票原本都維持穩定上漲的走勢。

　　他在這封電報裏設定了一個非常接近市價的停損點，這讓他得以在迪諾俱樂部的股票突然且激烈反轉向下之際，賣掉這些股票，同時還保有豐厚的利潤。

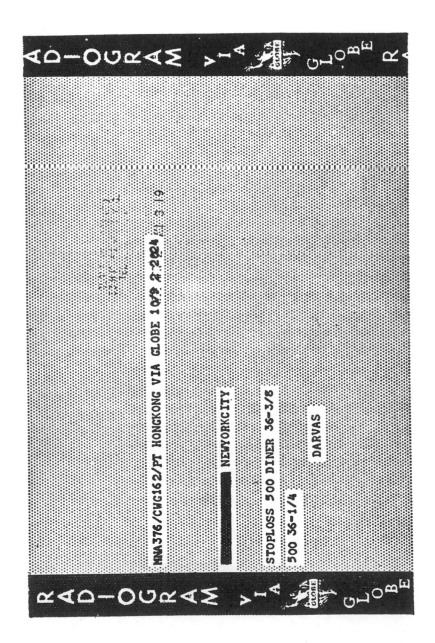

技術線圖

在接下來幾頁，美國研究協會（American Research Council）特別介紹了一系列讓尼可拉斯・達華斯淨賺二百萬美元的幾檔重要股票的價量週線圖。雖然達華斯是在短短十八個月內累積了這些利潤，不過我們是納入整整三年期間——從1957到1959年——的紀錄，以便完整呈現每一檔股票在達華斯持有期間與其前後的歷史走勢。

此外，我們的編輯所做的註解，也擇要說明了達華斯根據他在本書中所解釋的技術面與基本面並重理論選擇股票、設定買進時機，以及使用移動停損等的理由。

這些技術線圖是根據本書內容所討論的順序來排列，這樣讀者可以更容易追蹤達華斯當初進行各項交易的順序。

羅瑞拉德

達華斯在注意到（A點）成交量突然上升時，隨即要求提供每日報價，他說當時它「開始像個沖天炮般，從一大堆下跌股票所構成的沼澤向上竄出。」他在27.5元（B點）買進最早的二百股，停損點設在很接近買點的26元。幾天後，股價突然下跌（C點），碰觸到他的停損點，所以他的股票全被賣出。接著股價立刻又上漲，這讓達華斯相信他原本的評估是正確的，於是，他又在28.75元（D點）再度買進二百股。隨著「箱形」持續向上堆疊，達華斯又在35元和36.5元（E點）買進另外四百股。股票快速竄升到新高點44.375元。

2月18日，股價突然重挫到36.75元，嚇得他把停損點提高到36元。不過，股價後來並未觸及這個點，並隨即恢復動能，所以，他在38.625元（F點）買進了最後一批的四百股股票。

當羅瑞拉德的股價與成交量繼續維持轟動的上升趨勢之際，達華斯卻產生一股賣掉股票，迅速將獲利落袋為安的強烈衝動。不過，他還是恪遵上述理論的一個基本原則：「沒有理由賣掉一檔正在上漲的股票」，同時將停損點移動到距漲勢有一段安全距離的價位。

如果他當初不這麼做，而是選擇採用非常接近（市價）的停損點，他可能早在6月就因股價突然下跌到53.375元時被迫賣掉股票。停損點較遠的做法，原本能讓達華斯繼續輕鬆享有羅瑞拉德在年底時飆漲到80多元的利益。

不過，他在5月時開始對另一檔股票產生極大的興趣，由於當時他需要動用到所有可用資金，所以，他在5月初以57.375元（G點）賣掉一千股的羅瑞拉德，獲得21,000美元的優渥利潤。這時。他即將投入艾爾布魯斯的股票。

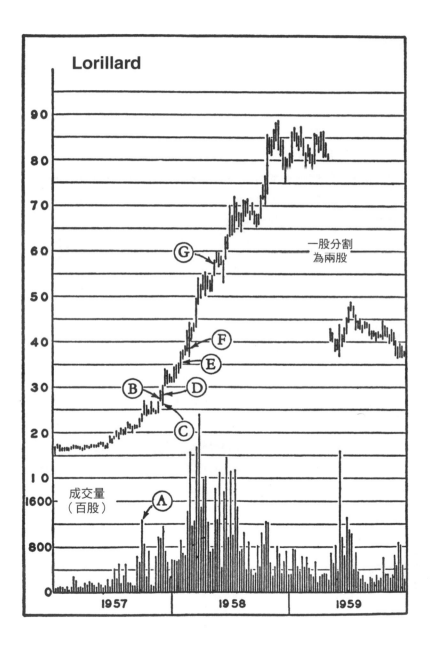

迪諾俱樂部

儘管這一檔股票在1957年上半年出現股價上漲的型態，但在這一波漲勢當中，成交量並未增加，一直到完成一股分割為兩股的作業後，也就是在（A點），成交量才突然大幅竄升，達華斯這時才開始嚴肅看待迪諾俱樂部。他發現該公司是一個新領域裏的先驅者，獲利能力呈現出確定的上升趨勢。

他很滿意這個「基本面」要求，於是，在24.5元（B點）買進五百股。隨著股票持續上漲，他又在幾天內接著以26.125元（C點）買進另外五百股。他滿足地看著一個金字塔「箱形」型態逐漸成形，成交量亦顯著增加。隨著股價上漲，他把停損點提高到27元，接著又提高到31元。

這一檔股票在達到40.5元的新高價後，達華斯突然覺得它好像「失去上漲的意志，看起來它在最後一個金字塔的走勢好像有點猶豫，似乎即將反轉。它幾乎好像隨時會重挫。」由於擔心股價崩盤，所以達華斯把停損點向上移動到36.375元。

在4月的第四個星期，「我一直設法防範的事終於發生了」，迪諾俱樂部股價重挫，達華斯在（D點）賣出，獲利超過一萬美元。

他這時幾乎完全是根據技術面操作，完全不知道美國運通即將介入信用卡領域，與迪諾俱樂部短兵相接。由於這次操作的時機掌握非常成功，所以，他也因此完全確信這個方法的技術層面是正確無誤的。

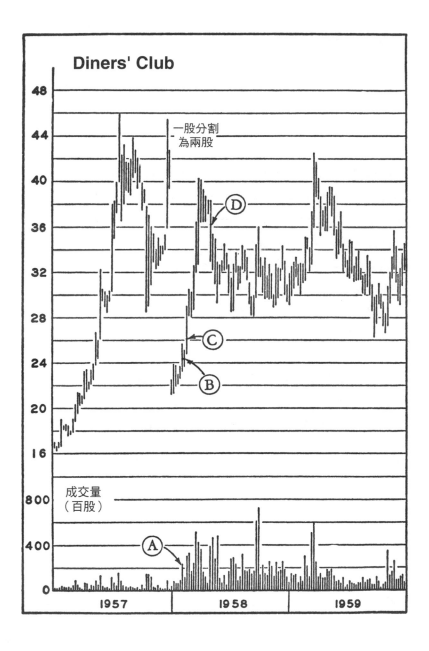

艾爾布魯斯

就在達華斯把所有資金全都投入羅瑞拉德和迪諾俱樂部之際，他突然注意到（A點）「市場對一檔名為艾爾布魯斯的曼菲斯小公司的興趣突然明顯上升」。儘管就基本面而言，這一檔股票並不符合他的條件，不過「從技術面看起來，它卻非常有說服力，我的視線根本無法離開它。」

從18元到50元的驚人漲勢後，它回檔到43.5元，不過對經驗豐富的達華斯來說，這看起來好像「它只是暫時休息，它正在養精蓄銳。」儘管沒有基本面的論據可做支持，他還是決定，一旦股價站上50元，他將投入所有可用資金買進這檔股票。他信心十足地認定「上漲的節奏依舊沒有改變」，為了把所有可用資金全部立刻投資到布魯斯，他賣掉了羅瑞拉德。在3月底的三個星期之內，他以均價52元（B點）買進二千五百股。

誠如技術線圖所示，事後證明他的進場時機是完美的。布魯斯「好像被一個磁鐵往上牽動似的，開始上漲……它真的令人讚嘆」。就在股價達到77元之際，「即使遠在印度，都能清楚感受到美國股票交易所正發生一些不尋常的事。」

當時的情況確實很令人難以置信。以「價值」為操作基礎的放空者不顧一切地試圖回補他們的部位。交易所暫停該股票的交易，不過，有人透過櫃檯買賣市場，向達華斯出價100元（要買他的持股）。那時，他做了「我這一生最重大的決定之一」。他拒絕賣掉他「正在上漲的股票」。幾個星期後，他以平均171元賣掉股票，獲利295,000美元。

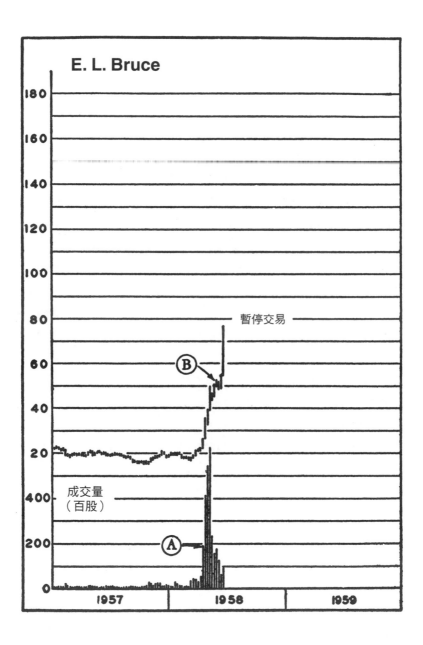

環球控制

1958年7月，「一家叫做環球產品的沒沒無聞小公司」吸引了達華斯的目光，當時它的成交量突然大幅跳升（A點），同時股價從30元以下，上漲到32～36元區間。8月初時，他謹慎地以35.25元（B點）試單買進三百股。兩個星期後，隨著股票持續「盤堅」，他又以36.5元（C點）買進一千二百股。股價仍繼續上漲，幾天後，他又以40元（D點）加碼了一千五百股。

不久之後，該公司更名為環球控制公司，同時進行一分割為二的股票分割，所以，現在他的持股數變成是六千股。

1959年1月，達華斯回到紐約，展開一系列幾乎毀了自己的操作。幸好在這段期間，環球控制的表現依舊非常漂亮，完全沒有讓他操過心。

不過，3月時，環球公司開始出現一點狀況，「感覺有一點問題，而且問題遲早會來」。經過三個星期內從66元飆漲到102元的驚人走勢後，「它的動能轉變，開始朝另一個方向前進。我一點都不喜歡這種下跌的方式。它好像陷入一個空中氣渦般快速下跌，而且似乎完全沒有上漲的跡象。」

這個情況和迪諾俱樂部很類似，所以達華斯也採用了相同的處理方式。他把停損點提高到接近最新收盤價的位置，並在（E點）被迫出場。他的成交價介於86.25元到89.75元之間，雖然比高點低12元以上，但「我已經很滿意了。沒有理由不開心。我投資它好一段期間了⋯⋯而且獲利高達409,000美元。」

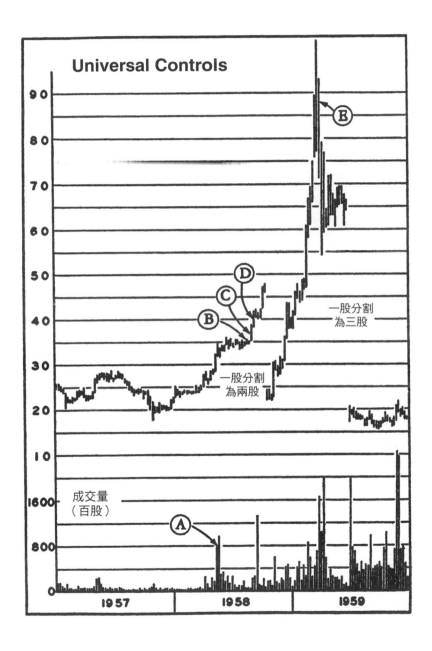

西歐科化學

1958年初在東京時，達華斯注意到這一檔股票在完成一分割為二的股票分割後，交易突然轉趨活絡（A點）。之後，它又維持幾個月的沉寂，不過，達華斯感覺這種「寧靜」是一種「暴風雨前的寧靜」。

就在達華斯開始取得每日的報價後不久，西歐科「看起來好像正在為向上竄升而收縮它的肌肉似的」，股價從45元開始起漲，而他則在47.25元（B點）試單買進二百股。在四個星期之內，股價持續逼近50元，而到（C點）時，達華斯感覺它已作勢要向上突破，所以又以49.875元買進一千三百股。

買進這些股票後，西歐科隨即宣布要辦理現金增資。如同內文中詳細解釋的，達華斯憑著靈感進行一系列的交易，善加利用認購股票時可用的龐大信用額度為自己獲取最大利益。他透過購入七萬二千單位的增資股認購權利（用53.5元賣掉他原始的一千五百股持股），並藉此用每股42元的認購價取得了六千股的西歐科股票（當時的報價大約在55元上下）。他的現金支出僅111,000美元，而總購買價為350,000美元。

三個月後（D點），他的營業員發電報通知他，他對西歐科的投資已經獲利25萬美元。他走在巴黎街頭，被誘惑痛苦折磨著，「我的每根神經都好像在說『賣掉，賣掉』」——不過，他決定繼續抱牢股票。

當然，達華斯從未忘記要隨著股價的上漲來移動他的停損點，不過，他對西歐科較為寬貸，給予它較大的波動空間，以免在類似（E點）那樣的短線回檔時，不慎被停損出場。接著股票持續上漲，5月初股票完成一分割為三的股票分割後，亦繼續上揚，最後才終於在72元的位置達到最頂點，而且由於這

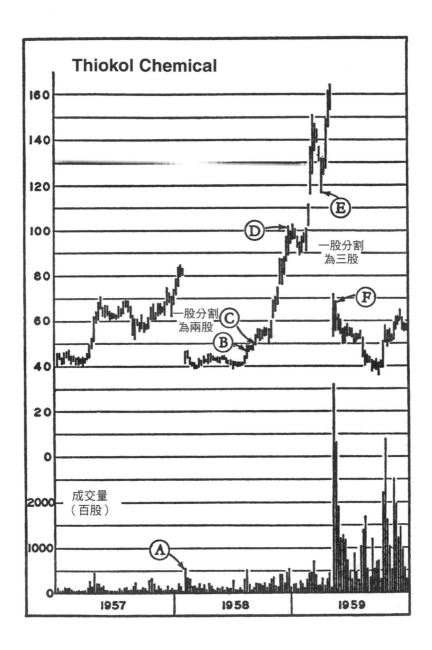

檔股票的交易一團混亂，所以紐約股票交易所還暫停這檔股票所有自動到價與停損買、賣單的使用。對達華斯來說，這意味「他們奪走了我最強大的工具，而沒有它，我沒辦法做事。」

他以平均68元（F點）的價格賣掉他一萬八千股的分割後股票，總獲利高達862,000美元。他在巴黎所做的重大決定——「沒有理由賣出一檔正在上漲的股票」確實讓他獲益良多。

德州儀器

在賣掉環球控制的股票後，達華斯「謹慎觀察市場……尋找交易活絡的高價股」，他希望投資超過50萬美元到這麼一檔股票上。由於金額非常龐大，所以他也認知到他的買盤可能會影響到市場。

除了1958年年底的些微古怪行為之外，德州儀器已經穩定走高超過一年的時間，而它上漲的速度也隨著10月成交量的大幅增加（A點）而升高。

達華斯在4月的第二個星期以94.375元（B點）買進二千股。接下來一週，「由於股票繼續表現優異」，所以他又在97.875元（C點）加碼了一千五百股。在短短幾天內，他以均價101.875元（D點）買進最後的二千股。

7月6日當天，德州儀器公司以149.5元（E點）收盤，這時，一如第十章結尾所述，達華斯啟程前往蒙地卡羅，不過，他為他超過225萬美元的持股設定了一組新的停損點（在收盤價之下）。

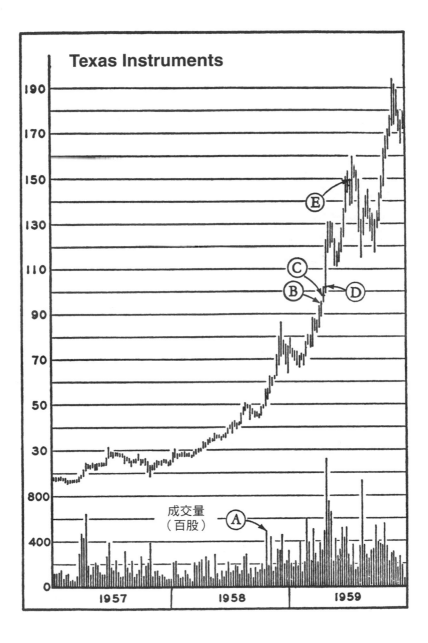

飛兆相機

賣出西歐科後,達華斯已坐擁超過100萬美元的投資資本。他決定將這筆錢分成兩部分,把選擇標的縮小到四檔股票,他其實已經觀察這幾檔股票很久了,這些股票「全都符合我的技術面與基本面並重理論的要求。」

飛兆相機是通過試單(為判斷這四檔股票的相對市場強度而進行的試單)考驗的股票之一。1957年一整年與1958年多數時間,飛兆的股價一直都很穩定,但有兩段期間曾出現交易量大幅增加的情形。不過,到1958年底,成交量再度大增(A點),同時股價亦快速且幾乎毫無間斷地上漲,這時達華斯開始對它產生興趣。

當股價站穩在一個介於110元到140元的箱形後,他以128元(B點)試單買進五百股。原本他武斷地設定了一個10%的停損點,但後來隨即取消,因為這個停損點過於接近上述箱形的下限,也因如此,他沒有在兩個星期後,股價下跌到110.25元的低點時賣出股票。相反的,由於股價幾乎立刻就重新恢復上升動能,所以他又在(C點)加碼買進四千股,買進價格介於123.25元到127元之間。

至此,達華斯已持有四千五百股的飛兆相機,還有詹尼斯無線電與德州儀器,他現在大可以坐在「場邊監視著我的股票像製造精良的飛彈般持續穩定的上漲」。在到本書的結尾,飛兆相機是以185元(D點)收盤。

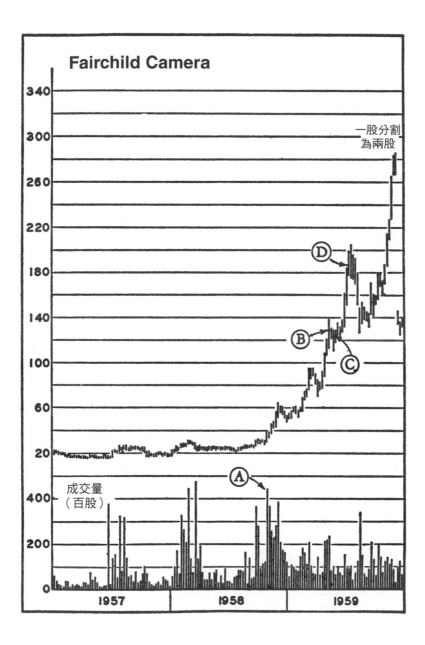

詹尼斯無線電

達華斯用西歐科為他累積的資金所買進的第二檔股票就是詹尼斯,而且在他投資以前,這檔股票的型態和飛兆的情況大不相同。詹尼斯的股價波動性原本就比較高,而它在1958年9月底高點位置的交易,更出現股價爆衝飆漲的情況。

達華斯是在該公司剛宣布要進行一分為三的股票分割後,以「準發行證券」(when-issued)的方式,在104元(A點)試單買進。他也像處理飛兆相機的方式一樣,取消了一個武斷的10%停損,他設定這些停損的目的,原本是為了從他感興趣的四檔股票中,淘汰最弱的一檔。如果他保留這筆停損單,他應該已在下一週詹尼斯跌到93元時被迫出場,不過,後來股價立刻開始上漲,所以他馬上就決定進一步依照計畫,以介於99.75到107.5元(B點)間的價位買進五千股。

自此以後,詹尼斯的走勢良好,值得一提的是,雖然相較於分割前的走勢,它後來的進展顯得不是那麼壯觀,不過,他的平均買價104元,和7月6日(本書結束時的時間)收盤價124元(C點)間的「些微」差價,也讓達華斯賺了超過十萬美元。

我們的編輯群在編製這些技術線圖時向達華斯指出,他買進詹尼斯的時間點已經是它的漲勢末端,以致其外觀看起來有點虎頭蛇尾。他認同我們的觀點,並說:「事後來看,我似乎是在漲勢末端買進 —— 但在當時,我認為它才剛展開一波新漲勢。畢竟,我只指望我有一半的時間是正確的,那樣就已足夠。」

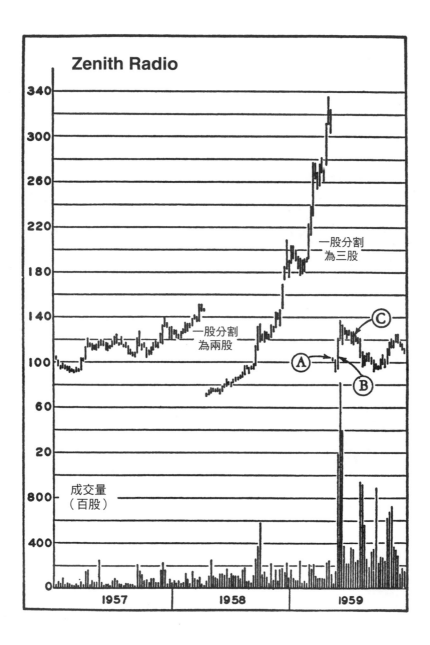

讀者提問與回答

問：我是個寡婦，有兩個幼兒要撫養，我覺得我能用來賭一下的錢只有二千美元，對於像我這種對股市極有興趣的人來說，這筆錢真的很少。

你是否有可能和我保持聯繫，隨時把你對「熱門股」的想法告訴我？

答：以你的情況來說，天底下沒有所謂的「熱門股」，原因是：

促使股票突然大漲的情境可能有很多，所以，問題應該改為：「一檔股票能『熱』多久？」但就這個問題來說，沒有人有答案。

我向來覺得為別人提供股票小道消息是極不恰當的，主要原因就是如此。若提供建議的人是個技術派人士，那

他隨時可能會在一瞬間出清他的持股，但他卻可能沒有時間或不願花時間通知曾經從他那兒取得小道消息的人。所以，請不要要求他人提供小道消息，也不要聽信小道消息。

問： 我是哈佛的新鮮人，但我沒有獎學金，而這是我許多問題的來源。我推算我的儲蓄帳戶、我父母的儲蓄和我今年一整年打工賺的錢，幾乎撐不過今年。但如果明年哈佛不發獎學金給我，我就必須轉學到比較便宜的麻州大學。我實在無法接受這個可能性，因為我不想離開哈佛，而我想盡一切努力來避免轉學。

我希望可以藉由投資股票來賺取四年的大學費用。我了解這是個非常冒險的想法，不過，無論如何，我都想試試看。我大約是一年前開始對股票產生興趣，而有一天晚上，我去拜訪某些親戚，碰巧拜讀到你的這本書。這本書比我讀過的所有其他股市書籍都更讓我感興趣，那些書全都強調要買「成長」股和績優股，而且宣稱「投機」是骯髒的行為。我想要賺遠比「一年6%穩定收益」更多的錢，而我認為你的方法是達成這個目標的明智途徑。

我現在的唯一問題是，我沒有錢可以投資。我目前正密切觀察十五到二十檔股票，看著它們大漲，而我卻無法從這些股票賺到一毛錢，實在讓我痛不欲生。所以，我想向你提出以下這個提議：

如果你有任何閒置的現金準備（一千、五千、一萬美元或任何你可以接受的金額），我想向你「借」一點錢。坦白說，我用「借」這個字眼，是因為如果我虧掉這些錢，我就不可能還你錢。然而，我一定會盡一切可能避免虧錢，而且當我要還你錢時，我會把獲利的特定百分比（譬如10%）付給你。

答：要離開哈佛到便宜的麻州大學，對你來說一定是很大的打擊。

但是，你必須開更好的條件給我。

問：幾年前，我讀過你的這本書，我深受它吸引。身為一個投機者，我確實利用我的資金創造了還不錯的成果，不過，我向來是使用基本面的方法。現在，重新讀過你的書後，我很想知道你是否還繼續使用技術面與基本面並重的方法。是否能請你答覆我的以下問題：

A. 你是否還在使用你的技術面與基本面並重系統？

B. 你是否覺得週線圖服務有幫助？

答：A. 我目前還是使用技術面與基本面並重法，不過，有時候我也發現基本面主義者的方法很管用。然而，即使我能徹底了解一家企業的真正優勢，我還是會注意一下它的股票在市場上的表現。

以絕大多數的情況來說，一個最基本的法則一定適用：若盈餘成長率提高，股價遲早會反映這個因素而上漲；不過，有時候市場只反映一時的風潮，完全忽略所有其他層面。

B. 儘管可能有人稱我為「心理技術線圖分析師」（mental chartist），但我並不會使用週線圖服務。就實用性的目的而言，我會說週線圖「是」有幫助的。

問：你是否曾用過曼菲爾德（Manfield）的「雙週技術線圖修訂」（Bi-weekly Chart Revisions）來研究股價的上升趨勢？根據你的實證經驗，趨勢線是否有助於建立你的箱形上下限？或者，趨勢線只適用於創新高價的股票？另外，當你以歷史高點作為買點時，你是一直等到股價創下真正的歷史高點後才進場，或者你也會買創較短期

間內的新高價（像是五年期新高）且成交量穩步增加的
股票？

你覺得每個月的股票指南對你有幫助嗎？

答：我並沒有使用過曼菲爾德的「雙週技術線圖修訂」，所
以，我也不認為市場趨勢線和個股的箱形之間有直接的
關係。

我嚴格遵守歷史新高原則。

股票指南對判斷一檔股票的大致情況──包括資本額、
均量、股利和歷史高低價──很有幫助。

問：你說當連續三天，股價當天高點正式突破它的箱形上
限（這個例子是41元）的價位（儘管只突破一檔〔a
fraction，一個升降單位〕），你就會下買單，不管當天
收盤價是多少。

當我判斷出亞倫百貨公司的箱形後，我立刻下定決心買
進它的股票。以下是六月十五日之後的股價：

15日　41.5　─42.375

16日　43　　─43.875

17日　44.125─45

18日　43.5　—44.375

19日　44.25　—45

22日　44.75　—46.5

23日　46　　—48.5

六月十九日當天，我判斷它的箱形上限為45元，因為有三天都沒有突破那個高點。我把箱形的下限設在43.5元。

我覺得六月十九日時，從箱形的上限推斷，買單應該下在45.125元，停損是44.875元，不過，我讀你的書之後卻發現，好像要等到必須連續三天超過箱形的上限才可以下買單。

在寫這封信時，亞倫公司的股價已連續兩天超過其上限，目前是48.125元，看起來它好像不會回到我所認定的買點45.125元。

我不想要求你評斷上述決定是否正確，而且我也知道不能只根據機械式地評斷技術線圖行為來選擇股票，不過，我很想知道你認為我把這檔股票的箱形設在43元到45元間是否明智，以及我決定在股價至少突破上限三天後才下買單的認知是否正確？我感到困惑的原因

是，你在書裏面提到你會在突破箱形上限後的最低一檔下買單，但卻沒有提到多快下單。

答：你的解讀不正確。你應該在股價突破箱形上限（即使只突破一檔）之際，立刻下買單。連續三天的法則並不適用於所有情況，它只適用於建立箱形的下限與上限時。你對亞倫百貨公司所做的決定是以錯誤的解讀為基礎。讓我更清楚解釋相關的法則。舉一檔突破前一個箱形並開始上漲的股票為例。新箱形的上限將是這波漲勢的最高點，而且股價在連續三天內無法再度觸及或克服這個點，那才算是上限。

以你的例子與你在信中提供的數字來看，這檔股票尚未觸及它的箱形上限。

另外也一樣重要的是：除非新箱形的上限已非常確定，否則無法建立其下限。建立下限的方法和建立上限的方法正好相反。

以你所提到的例子而言，你的買點並不正確，而且根據我對該股票走勢的解讀，我認為那是極端危險的買點。你正好是買在一個交易區間的中間。

問：你的箱形系統與所有其他輔助工具都十分適合我。它發

揮很不錯的效用，而我事後再分析，更發現它百分之百
有意義。

不過，我最近突然想到它的一個利益。你從未提過它，
所以我必須認為你從未以那個方式使用過它。我隱約覺
得，如果你使用它，那麼你從一檔股票賺到的錢將會是
原來的兩倍。

詳細想法如下：

在你設定一檔股票的自動停損點後，一旦股價跌破你的
箱形，導致股價自動跌破停損點時⋯⋯在你的方法裏加
入一個「在相同價位下一筆到價空單」程序，放空股數
與賣出股數，這樣是不是很有道理？你只要也下一筆停
損單作為保護措施，就能在股價上漲與股價崩跌時雙雙
受惠了。如果真的進入一個嚴重的空頭市場，你的資金
很有可能會增值一倍。

我很想聽聽你對此的評論。當我收到你的回音後，我將
根據一個「尋找（應該說是預測）目前市場的股票高、
低點」的公式來操作股票。這個公式不會預測股價何時
抵達這些點，不過如果搭配你的理論一起使用，成效卻
很好！我已用這個方法事先預測到長達兩年的高點與低

點，而且差異鮮少超過 15 美分。

答：你的態度比較像個賭徒，而非真正只關心賺錢。我的經
　　驗是，愈少跳進跳出，不要妄想找出高深且更精進的賭
　　博手法，不要妄想快速獲利，賺錢的機會才會比較大一
　　點。

　　經驗也告訴我，除非我的個股還停留在它們的箱形內或
　　持續上漲，否則應該在空頭市場保持退場觀望。

　　雖然我很恭喜你成功「預測」到那麼精確的點，但我相
　　信分析，不相信預測。

問：是否可以請你好心建議幾檔真正的飆股給我，不要是曇
　　花一現的短命股，還有，是否可暗示我何時該出場？
　　如果你願意提供任何建議與協助，我都會非常感激。

答：任何一個為你提供「真正飆股」的人都是靠自己胡亂猜
　　測。只要一檔股票表現得像是「真正的飆股」，那它就
　　是真正的飆股。

問：我相信我已經了解你的箱形理論，而且事實上在過去兩
　　個半月間，我藉由追蹤創年度新高價的股票與使用你的
　　系統，而獲得了許多利益。不過，你允許的停損空間實

在太狹窄，這讓我感到有點困惑。事實上，這讓我產生一些虧損。

我從技術線圖與我自己所做的研究注意到，以此刻所有符合你這套系統的要求的股票來說，股價高、低點的距離其實都遠大於你所允許的空間，而我也傾向於認為你只對突破前高且在觸及新高點之前從未停下腳步的股票有興趣，我的認知正確嗎？

這代表在找到正確的股票以前，我必須接受小額的損失（佣金和0.5元左右的停損空間）。我的營業員告訴我，現在最可能是一個橫盤（sideways）的市場。你同意現在這個情勢就是你所謂會讓你的系統不太成功的那種情勢嗎？

答：在信中的第三段，你自己已經回答了你的問題。我只對突破前高的股票有興趣。這整個方法是針對大規模且快速上漲的股票而設計，理所當然的，90%以上的上市股票不符合這個條件。

至於橫盤的市場，某些股票的最大漲幅就是發生在這樣的市場，此外，在這樣的市場，最容易掌握到那種股票。

問：有一個問題讓我很困擾，你如何觀察整個市場？你是否保留所有日報和電報？在你最後決定要買進一檔股票以前，你是否有製作過任何的技術線圖？你是否可以寄幾個你自製的線圖樣本給我？

答：觀察市場並不難，只要閱讀每天的股票表格即可。

我個人是心理技術線圖分析師，我比較根據感覺來制訂決策，比較不是依據硬梆梆的技術性資料。

問：再問一個問題：我使用史蒂芬斯技術線圖（Stephens Chart）上所顯示的歷史高點。但我們難道不該把先前的股票分割考慮進來嗎？——這是針對一檔一年上漲一倍的股票來說：一檔股票沒有上漲一倍，並不代表它在分割前沒有讓持股人獲得一倍的漲幅。這些持股人現在可能已持有兩倍到三倍（相較於分割前的原始持股）數量的股票，所以，他們其實有可能已經獲得一倍甚至更高的漲幅，而且可能多數持股人都有得到這項利益。

答：所有技術線圖都有考慮到股票分割，當你看著調整後的價格，都可以從中看出股票過去的發展史。

其實在決定要買進、持有或賣出一檔股票時，它過去進

行過幾次分割都不重要。

問：有一件事想請教，你認為什麼樣的成交量才是良性、紮實的？還有，最低程度的指導原則是什麼？一定要等到一檔股票連續三天都突破後才能買進嗎？而且如果是這樣，你要如何充分利用到價買單？停損價應該設在離買進價格多低的位置？

答：所謂良好、紮實的成交量並無絕對的答案。這完全取決於股票過去的歷史。

　1. 舉個例子，如果一檔股票已經交易一段很長的期間，每天成交四千到五千股，接下來，突然有一天的成交量暴增到二萬到二萬五千股，以這樣的股票來說，後面的成交量就是良性且紮實的成交量，代表股票行為已經改變的明顯證據。

　2. 要買進一檔股票，絕對不是一定要等到連續三天突破之後才買進。我是在突破當時就買進。

　3. 我把停損點設在股價跌破下限的下一檔。我會指示我的營業員，在買到股票後隨即下停損單。

問：我有興趣嘗試做一點短線的操作，就像你一樣，而目前

像是SCM、Sperry Rand、通用儀器、Hecla和某些其他
電子股的表現很不錯。但我實在是個新手，所以我真的
不知道是否應該在知識那麼匱乏的情況下投入這場賭
局。

答： 以你的情況而言，我會勸你接受你自己的直覺警告。我
很少看到精通於你所謂的短線操作的新手。

問： 關於你的書，有一件事一直困擾著我，那就是你提到一
個疊著一個，看似金字塔的箱形。儘管我嘗試了，但還
是無法領會你的意思。
你是否可以稍作解釋，或最好提供一個例子供我參考。
如果有例子是最好的，因為俗話說得好：「一張圖片勝
過千言萬語。」

答： 一個疊著一個看似金字塔的說法當然是敘述性的表達方
式。它是指股票上漲過程所出現的連續性上移的交易區
間（我稱之為箱形）。看起來類似下圖：

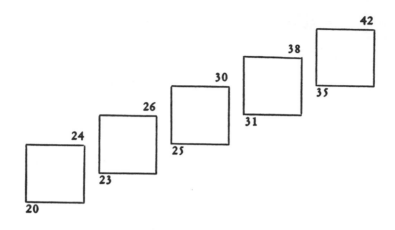

問：我還未能掌握到書上所談的兩個要點，我希望你可以更
　　詳細說明：

　1. 關於停損單，一旦股票突破箱形的上限，同時向下一
　　　個新箱形邁進時，你是否會持續提高停損單的價格？
　　　或者你會將它維持在較低的水準，也就是你在初次買
　　　進時所設的停損水準？

　2. 你提到五千美元是開始從事市場賭博行為的最低必要
　　　金額，這讓我感到很沮喪，因為目前我們最多只能承
　　　擔大約一千美元的虧損。這代表我們只能買進零股
　　　（這還需要付額外的佣金），這代表你會建議我們等到
　　　能承擔得起五千美元的虧損後，再開始操作嗎？

答：1. 關於停損單的正確態度是：當一檔股票向上突破而抵達新的上方箱形時，我會將停損點暫時維持在先前的水準，直到股票已經建立好新箱形的上限與下限後，再作調整。

當新箱形的下限建立穩固後，我會把先前的停損點掃高到僅低於新箱形下限一檔的位置。

2. 如果可動用資金只有一千美元，我根本不會進場。

問：我有幾個問題，希望你可以撥冗為我解答：

1. 如果一個箱形在36.5元到41元間成形，那麼下一個上方箱形的底部是否為41元？

2. 我想把箱形理論應用到原物料商品，你是否能給我一些建議？我附上了一份11月大豆的技術線圖，希望你能撥冗為我找出它的箱形，大約從12月27日前後開始。

答：1. 首先，我從來都不敢確定新箱形絕對會出現。不過，如果一檔股票向上突破，我會等待新箱形建立好，唯有如此，我才能看得出新箱形的底部在哪裏。沒有人能預知這個點。

2. 我從未涉足原物料商品。

問：你現在會繼續持有美國鋼鐵或認賠出場？以我的年紀來說，除非絕對必要，否則我承擔不起認賠出場的傷害，但也沒有很長的時間可以等待鋼鐵股復甦。我的營業員可能是世界上最誠實的營業員，我問他，他認為美國鋼鐵可能漲到哪裏，他告訴我，他估計大約是 75 元。那聽起來可能不怎麼樣，不過，那對我來說，就已是很可觀的資本利得。我了解目前很多理財觀察家的態度偏空，不過，市場卻持續上漲，而主要的趨勢似乎也顯現未來看好。

答：我從未買過美國鋼鐵的股票，我只相信成長型的股票，而美國鋼鐵不是成長型股票，它的所屬產業也不是成長產業。

問：我深深受你的系統所吸引，不過，我有一個問題。你提到在開始買進以前，股票必須三次向上突破，抵達下一個新箱形的第一檔價位。我據此推測你會在第二次突破時下「到價買單」，這樣一來，第三度突破時，買單就可以成立。這個假設正確嗎？如果不是，請進一步解釋。

答：我的到價買單是在向上突破之前就下了，而且是設在新
高價的上面一檔。

這些買單會自動執行，而且在執行後，就會在比前高價
低一檔的位置輸入停損單。

不需要等待二次突破上方一檔價位。

問：在你最近那本書的第一百四十九頁，你選擇了幾檔年度
高點至少比低點高出一倍的股票。剩下的股票則被你當
作廢物，你對它們不屑一顧。不過，到第一百八十三
頁，你在51.25元選擇控制資料公司（Control Data），
它當年度的低點是36元。你在62.5元買進，這還不到
36元的一倍。請解釋。（編按：並非出自本書資料）

上漲中的股票經常會出現一些獲利回吐期，此時股價會
跌回較低的「箱形」。在那些情況下，你會出清股票，
並在股價再度突破那個「箱形」的上限後買回股票嗎？
若非如此，你要如何區分一檔股票是遇到獲利回吐，還
是走勢已經結束？

答：報紙上的年度高點與低點是等到三月三十一日才刊登，
那是前一年度與最近這一年的資料。你應該看四月一日
以後的股票表格。一檔強勢上漲的股票在遭遇獲利回吐

時，通常只會跌回到新箱形的下半部位置，但不會回到下方的舊箱形。

不過，如果發生像你所描述的情況，我的態度是停損賣出，如果股票又回到新的歷史高點，再回頭買進。

問：箱形結構的想法看起來很不錯，不過，我尚未有機會試試它的效果。

下停損單（包括上方與下方停損）不是什麼新觀念，不過把停損點設在離股票目前市價那麼近的位置，倒是讓我覺得很有意思。

（距離市價）0.5元或1元的停損單完全無法為買單形成任何保護，因為一旦下單，十分之九的停損單都會被執行。

答：以隨機的方式來檢視，自然會認為那麼靠近（市價）的停損單是危險且無用的。不過，以我所描述的例子來說，我也解釋過，我從未把停損點設在箱形裏，我每次都是在以下的情況下停損單：

1. 大規模向上突破之後立刻設定（在這個情況下，停損是設在突破點之下）；或

2. 某個箱形下限底下的那一檔，當股票向下跌破這個下

限時，就會執行。

問：我試圖利用你去蕪存菁的方式來精選股票，但卻遇上大麻煩。你的書描述了特定股票的波動，也說明了如何判斷這些股票的上下限。不過，在這些例子裏，你都是使用整數，而股票報價卻鮮少侷限在整數價位之間。基於所有上下波動都是以小數（譯注：原文為分數，譯文已全改為小數）計，儘管某些報價的整數位置相同，但小數部分卻有一點點差異，所以，我無法判斷下限的數字是否要延伸到小數點之後。這讓我感到很困惑。我極度期待你的回音，是否請你為我釐清這個決定性的問題。

我也希望知道你如何選擇美國股票交易所的股票，因為我住在底特律，這裏的報紙沒有刊登那個交易所的年度高價或低價，只有紐約股票交易所股票的高、低價。

答：我是為了解釋箱形理論才使用整數，這樣會比較容易理解。當然，股票不會在整數價位之間波動。

某些報紙確實不會刊登美國股票交易所股票的高點與低點。不過，《華爾街日報》或《紐約時報》上都有。

問：我已研究過你的投資方法，不過，我尚未能將之應用到

約翰尼斯堡股票交易所,主要是因為這裏可以取得的統計數據不足,尤其很重要的一項:每一檔個股的成交量。

答:我的經驗是,只有在紐約與美國股票交易所操作,才能徹底遵守這個方法的所有必要原則,連倫敦股票交易所都還不行。

如果沒有以下要件,我認為就不可能應用我的方法:

a. 歷史高價

b. 過去兩或三年間的高價與低價

c. 至少過去四到六個月的週股價區間與成交量

問:我不了解你如何在十五分鐘內看完主板和美國股票交易所的統計表格。連《霸榮》雜誌上的美國股票交易所表格都長達五頁。

答:我是用以下方法,才能夠在十五分鐘內看完主板與美國股票交易所的統計表格。我只檢視以下這些報價:

a. 道瓊工業平均指數(或紐約證交所指數與標準普爾五百股票指數)所代表的大盤趨勢。

b. 只看我感興趣的三到四個產業的各六到八檔股票,看

看這些產業的表現和市場整體趨勢間有何關聯。

c. 我的持股或我感興趣的股票報價。

d. 大略看過股票版面，看看是否有異常的價量變化，以便尋找新的潛在標的。

儘管不識此道的人不是那麼容易就能掌握上述幾點，不過，對習慣天天看相同股票表格的人來說，很容易就可以觀測出異常的變化。

問：1. 我到過紐約股票交易所大廳，根據我的印象，你在買進價之下0.25元設定停損，你的股票幾乎無疑會被大廳交易商或特許交易商買走，有時也會被一般大眾買走（新的規定可能可以解決這個問題）。

2. 以箱形的上限來說，是在創新高後連續三次試圖突破這個高點不成後，才會形成穩固的上限，或者是連續兩次試圖突破不成，就可以將之視為上限？換句話說，你是否認為第一天所創的高點就是第一次試圖突破？

3. 在設定箱形的下限時，是在創新低後連續三次測試未跌破，或者包含抵達低點當天，共三次試圖跌破，即可認定為下限？

4. 一個新箱形的下限可以和上限同步設定，或是唯有上限明確界定後，才能界定下限——如你在第一百四十頁上所言「在接下來幾天？」

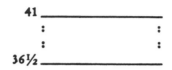

5. 新箱形的下限一定要是舊箱形的上限嗎？請注意所附的通用電纜的圖，看起來新箱形的下限有可能比舊箱形的上限73元高很多。

6. 你是否建議 (a) 一旦股價突破你的購入價格的所在箱形，就馬上移動停損點，或者 (b) 你會等待新箱形的上限與下限都明確界定後再採取動作，或 (c) 你會等到第二個上方箱形明確形成後再採取行動？

7. 若歷史新高比箱形高點高一點點，你會在歷史高點以上的0.125元位置下到價買單，同時在箱形下限的下方0.125元下你的停損單，是嗎？

8. 假定現在是四月，你會回頭參考去年的高點與低點，來判斷一檔股票是否已經上漲一倍，或者你只會參考今年的高低點？

答：1. 把停損點設在低於買價0.25元位置的方式一定會導致我停損出場。我從未在一個箱形裏設停損單（也不會買進與賣出）。

2. 與3. 當股票連續三天未能觸及或突破先前創下的新高價，箱形的上限就已確立。箱形的下限也是一樣，不過是「未跌破」。

4. 不能同步，不過有可能在同一天甚至同一個小時內確定，但這種案例很少見。

5. 一個新箱形的下限不一定等於舊箱形的上限，而且只能由股票本身來確立，不能靠預測得知。

6. 我向來會等到下一個新箱形的上限與下限都非常確立後。一旦確立了，我就會把我的停損單設在低於新下限一檔的價位。

7. 當歷史新高高於一個箱形的高點，我會把到價買單設在比歷史高點高出0.125元的位置，停損點則設在比歷史高點低0.125元的位置。

8. 如果目前才四月，我習慣參考過去兩年間的高點。

問：在消化你的書裏的內容後，我歸納出一個結論：你會為你的股票畫圖。我的結論可能完全錯誤，不過，這是我

歸納出來的印象。如果你真的有為你的股票畫圖，你使用哪些圖形——直線圖或數字圖？

答：我就是你們所謂的心理技術線圖分析師。

鑑於我一次只對幾檔股票有興趣，所以這少數幾檔股票的走勢與成交量都深刻地烙印在我心中。我鮮少看股票技術線圖，不過我認為對於會使用這些線圖的人來說，線圖是很有價值的工具。

問：其他股票的上漲可說是導因於合併談判、發現新石油等。你經常會把這些合併的遠景、股票分割、標售等視為短期獲利機會嗎？

答：誠如你所歸納的原因，某些股票的上漲確實可能主要是導因於一些短期的事件，不過，這些股票不符合我的技術面與基本面並重方法的條件，我的方法是以特定產業族群——尤其是那個族群裏最強勢的股票——的長期成長為基礎。

如果一個人想賺短期利潤，就會變成純粹的短線操作者，這是另外一種市場操作法，不過，我並不提倡這個方法。

（完）

書　號	書　　　　名	作　者	定價
QC1001	**全球經濟常識100**	日本經濟新聞社編	260
QC1003X	**資本的祕密**：為什麼資本主義在西方成功，在其他地方失敗	赫南多·德·索托	300
QC1004X	**愛上經濟**：一個談經濟學的愛情故事	羅素·羅伯茲	280
QC1014X	**一課經濟學**（50週年紀念版）	亨利·赫茲利特	320
QC1016X	**致命的均衡**：哈佛經濟學家推理系列	馬歇爾·傑逢斯	300
QC1017	**經濟大師談市場**	詹姆斯·多蒂、德威特·李	600
QC1019X	**邊際謀殺**：哈佛經濟學家推理系列	馬歇爾·傑逢斯	300
QC1020X	**奪命曲線**：哈佛經濟學家推理系列	馬歇爾·傑逢斯	300
QC1026C	**選擇的自由**	米爾頓·傅利曼	500
QC1027X	**洗錢**	橘玲	380
QC1031	**百辯經濟學**（修訂完整版）	瓦特·布拉克	350
QC1033	**貿易的故事**：自由貿易與保護主義的抉擇	羅素·羅伯茲	300
QC1034	**通膨、美元、貨幣的一課經濟學**	亨利·赫茲利特	280
QC1036C	**1929年大崩盤**	約翰·高伯瑞	350
QC1039	**贏家的詛咒**：不理性的行為，如何影響決策（2017年諾貝爾經濟學獎得主作品）	理查·塞勒	450
QC1040	**價格的祕密**	羅素·羅伯茲	320
QC1043	**大到不能倒**：金融海嘯內幕真相始末	安德魯·羅斯·索爾金	650
QC1044	**你的錢，為什麼變薄了？**：通貨膨脹的真相	莫瑞·羅斯巴德	300
QC1046	**常識經濟學**：人人都該知道的經濟常識（全新增訂版）	詹姆斯·格瓦特尼、理查·史托普、德威特·李、陶尼·費拉瑞尼	350
QC1048	**搶救亞當斯密**：一場財富與道德的思辯之旅	強納森·懷特	360
QC1049	**了解總體經濟的第一本書**：想要看懂全球經濟變化，你必須懂這些	大衛·莫斯	320
QC1051	**公平賽局**：經濟學家與女兒互談經濟學、價值，以及人生意義	史帝文·藍思博	320
QC1052	**生個孩子吧**：一個經濟學家的真誠建議	布萊恩·卡普蘭	290

經濟新潮社 〈經濟趨勢系列〉

書 號	書 名	作 者	定價
QC1053	看得見與看不見的：人人都該知道的經濟真相	弗雷德里克‧巴斯夏	250
QC1054C	第三次工業革命：世界經濟即將被顛覆，新能源與商務、政治、教育的全面革命	傑瑞米‧里夫金	420
QC1055	預測工程師的遊戲：如何應用賽局理論，預測未來，做出最佳決策	布魯斯‧布恩諾‧德‧梅斯奎塔	390
QC1056	如何停止焦慮愛上投資：股票＋人生設計，追求真正的幸福	橘玲	280
QC1057	父母老了，我也老了：如何陪父母好好度過人生下半場	米利安‧阿蘭森、瑪賽拉‧巴克‧維納	350
QC1058	當企業購併國家（十週年紀念版）：從全球資本主義，反思民主、分配與公平正義	諾瑞娜‧赫茲	350
QC1059	如何設計市場機制？：從學生選校、相親配對、拍賣競標，了解最新的實用經濟學	坂井豐貴	320
QC1060	肯恩斯城邦：穿越時空的經濟學之旅	林睿奇	320
QC1061	避稅天堂	橘玲	380
QC1062	平等與效率：最基礎的一堂政治經濟學（40週年紀念增訂版）	亞瑟‧歐肯	320
QC1063	我如何在股市賺到200萬美元（經典紀念版）	尼可拉斯‧達華斯	320

經濟新潮社　　〈經營管理系列〉

書　號	書　名	作　者	定價
QB1104	不執著的生活工作術：心理醫師教我的淡定人生魔法	香山理香	250
QB1105	CQ文化智商：全球化的人生、跨文化的職場——在地球村生活與工作的關鍵能力	大衛・湯瑪斯、克爾・印可森	360
QB1107	當責，從停止抱怨開始：克服被害者心態，才能交出成果、達成目標！	羅傑・康納斯、湯瑪斯・史密斯、克雷格・希克曼	380
QB1108	增強你的意志力：教你實現目標、抗拒誘惑的成功心理學	羅伊・鮑梅斯特、約翰・堤爾尼	350
QB1109	Big Data大數據的獲利模式：圖解・案例・策略・實戰	城田真琴	360
QB1110	華頓商學院教你活用數字做決策	理查・蘭柏特	320
QB1111C	V型復甦的經營：只用二年，徹底改造一家公司！	三枝匡	500
QB1112	如何衡量萬事萬物：大數據時代，做好量化決策、分析的有效方法	道格拉斯・哈伯德	480
QB1114	永不放棄：我如何打造麥當勞王國	雷・克洛克、羅伯特・安德森	350
QB1115	工程、設計與人性：為什麼成功的設計，都是從失敗開始？	亨利・波卓斯基	400
QB1117	改變世界的九大演算法：讓今日電腦無所不能的最強概念	約翰・麥考米克	360
QB1118	現在，頂尖商學院教授都在想什麼：你不知道的管理學現況與真相	入山章榮	380
QB1119	好主管一定要懂的2×3教練法則：每天2次，每次溝通3分鐘，員工個個變人才	伊藤守	280
QB1120	Peopleware：腦力密集產業的人才管理之道（增訂版）	湯姆・狄馬克、提摩西・李斯特	420
QB1121	創意，從無到有（中英對照×創意插圖）	楊傑美	280
QB1122	漲價的技術：提升產品價值，大膽漲價，才是生存之道	辻井啟作	320
QB1123	從自己做起，我就是力量：善用「當責」新哲學，重新定義你的生活態度	羅傑・康納斯、湯姆・史密斯	280

書　號	書　　名	作　者	定價
QB1124	人工智慧的未來：揭露人類思維的奧祕	雷‧庫茲威爾	500
QB1125	超高齡社會的消費行為學：掌握中高齡族群心理，洞察銀髮市場新趨勢	村田裕之	360
QB1126	【戴明管理經典】轉危為安：管理十四要點的實踐	愛德華‧戴明	680
QB1127	【戴明管理經典】新經濟學：產、官、學一體適用，回歸人性的經營哲學	愛德華‧戴明	450
QB1128	主管厚黑學：在情與理的灰色地帶，練好務實領導力	冨山和彥	320
QB1129	系統思考：克服盲點、面對複雜性、見樹又見林的整體思考	唐內拉‧梅多斯	450
QB1131	了解人工智慧的第一本書：機器人和人工智慧能否取代人類？	松尾豐	360
QB1132	本田宗一郎自傳：奔馳的夢想，我的夢想	本田宗一郎	350
QB1133	BCG頂尖人才培育術：外商顧問公司讓人才發揮潛力、持續成長的祕密	木村亮示、木山聰	360
QB1134	馬自達Mazda技術魂：駕馭的感動，奔馳的祕密	宮本喜一	380
QB1135	僕人的領導思維：建立關係、堅持理念、與人性關懷的藝術	麥克斯‧帝普雷	300
QB1136	建立當責文化：從思考、行動到成果，激發員工主動改變的領導流程	羅傑‧康納斯、湯姆‧史密斯	380
QB1137	黑天鵝經營學：顛覆常識，破解商業世界的異常成功個案	井上達彥	420
QB1138	超好賣的文案銷售術：洞悉消費心理，業務行銷、社群小編、網路寫手必備的銷售寫作指南	安迪‧麥斯蘭	320
QB1139	我懂了！專案管理（2017年新增訂版）	約瑟夫‧希格尼	380
QB1140	策略選擇：掌握解決問題的過程，面對複雜多變的挑戰	馬丁‧瑞夫斯、納特‧漢拿斯、詹美賈亞‧辛哈	480
QB1141	別怕跟老狐狸說話：簡單說、認真聽，學會和你不喜歡的人打交道	堀紘一	320

國家圖書館出版品預行編目資料

我如何在股市賺到200萬美元／尼可拉斯·達華
斯（Nicolas Darvas）著；陳儀譯. -- 二版.
-- 臺北市：經濟新潮社出版：家庭傳媒城邦
分公司發行, 2017.11
　　面；　公分. --（經濟趨勢；63）
經典紀念版
譯自：How I made 2,000,000 in the stockmarket
ISBN 978-986-95263-4-0（平裝）

1.股票投資　2.投資理論　3.投資技術

563.53　　　　　　　　　　　　　　106020120